红灯区的脱衣舞厅

滕新华散文集

滕新华 著

加拿大国际出版社

Canada International Press

书名：红灯区的脱衣舞厅 ——滕新华散文集
作者：滕新华
出版人：谢鹰
封面设计：蚕从
责任编辑：蚕从
出版团队成员：张立红，庞淑敏，安妮
出版：加拿大国际出版社
网站：www.intlpressca.com
电子邮件：　service@intlpressca.com
开本：6×9 英寸 152.4×228.6mm 印张：14
字数：81 千字
定价：15 美元
2024 年 12 月加拿大第一版
2024 年 12 月第一次印刷 印数 500
印刷版国际书号 ISBN：978-1-998479-12-2
电子版国际书号 ISBN：978-1-998479-13-9

Title: Strip Clubs in The Red Light District
Author: Xinhua Teng
Team Member: Lihong Zhang, Shumin Pang, Annie
Publisher: Canada International Press www.intlpressca.com
Email: service@intlpressca.com
First Edition in Canada: Dec 2024
First Printing: Dec 2024
Printed Edition ISBN: 978-1-998479-12-2
E-Book ISBN: 978-1-998479-13-9

作者简介

滕新华，中国儿童戏剧研究会会员，早年在表演艺术团体从事专业戏剧创作，现为加拿大英才学院文学顾问，蒙特利尔银色月光朗诵会会长。出版和上演音乐剧《鸟儿审判会》，花儿剧《月亮山》，六幕歌剧《苦难情侣》，歌曲《月光下的思念》等五百余首。出版散文集《小作家·大作家·老作家》，《红灯区的脱衣舞厅》，长篇小说《黑色的花朵》，执导电视音乐风光片《歌的河流》，评论《歌词姓歌》在中国词坛引发论争。音乐剧《鸟儿审判会》、抒情歌曲《红旗颂》、《边疆的春天》等多次在国家、省、市获奖，在宁夏银川市人民政府表彰作家艺术家活动中荣立一等功。

iv 红灯区的脱衣舞厅

内容提要

这是一本内容充实的书，它有栩栩如生的人物，地铁里的手风琴演奏家，红灯区的脱衣舞女郎，为传承中华文化奋斗不息的老校长，唱遍中外民歌的青年女高音歌唱家。作为一名流浪诗人，这本书里有作者对第二故乡枫叶之国的衷心赞美，文明善良的加拿大民众，诗一般多情画一般旖旎的秀美河山，教堂里的合唱音乐会，高山滑雪场上的少女少男。而最能打动你的，一定是作者对祖国对故乡的深切思念，绿茵场上欢乐童年的回眸，雨夜深巷卖杏花的场景再现，对传承五千年古老文明的思考，对未来中国男子汉殷切的呼唤！

作品语言平实，情感真挚，结构严谨，节奏鲜明，仿佛一位提着行囊的旅人，一手擎着一杯咖啡，坐在异乡街头公园的长椅上，与你敞开心扉，侃侃而谈。

目　录

红灯区的脱衣舞厅

我们和殷秀梅同声歌唱

蒙城文艺老中青

流浪加拿大

我住唐人街

我在市中心找了一份代课的工作，但是从儿子家（西岛的西北角）出发，先要步行十五分钟，再乘两趟公交一趟地铁，需要两个半小时才能赶到学校，每天往返一个来回，整整五个小时浪费在路上。于是，我便住进了唐人街的一家公寓，除了上班方便，还图这里华人多，华人超市多，华人餐馆多，华人社团以及华人的文化机构也多。

这间公寓很年轻，看上去一切都是新的，特别值得称道的是它有一个小小的后花园，站在窗前向外望去，小花园一年四季不断地变换着风景：春天绿草如茵，夏天绿树如云，秋天落英缤纷，冬天的景色最为壮美，我尤其喜欢黄昏中的风雪，风雪中的黄昏。春天来临的时候，我会在小花园里安放一套竹制的桌椅，约上三五知己，清茶一杯，谈天说地。公寓还会把小花园的边边角角，分配给一层的几家住户，于是有种花的，种草的，更多是种菜的，因为自己种的菜新鲜、绿色、环保，"自己动手，丰衣足食"。每到成熟季节，你看吧，大南瓜滚了一地，韭菜一个劲儿地疯长，粗大的黄瓜缀满了瓜架，而又大又圆的西红柿就像一颗颗鲜红的小太阳。

但我把分配给自己的那份"土地"让给了邻居，因为我这人生性懒惰不喜劳作，但在收获的日子里，我照样可以从邻居那里"不劳而获"，得到一大堆丰收的果实。

说到邻居，真可以称得上是五湖四海，山东山西河南河北的，广东广西湖南湖北的，香港台湾新加坡菲律宾的…语言更是南腔北调，南方话柔和委婉，北方话粗犷豪放，广东话硬梆梆…在这里，我经常听到一个妩媚的声音，里面充满了对新移民的理解、关照和友情，在我听来，那声音就仿佛一曲曲美妙的音乐。

出公寓，进朝阳门，便进入唐人街的中心地段。这里的中餐馆一家挨着一家，其中有一家大排档，高高的屋檐下是一排长廊，里面摆放着十几排长条桌椅，这里的饭食物美价廉，四加元保你吃饱喝足，一杯咖啡售价仅一加元，很适合像我这样的穷人。

当你端坐大排档，面前是一杯香气扑鼻的咖啡，身旁是熙熙攘攘的人流，耳边是激荡着乡音乡韵乡情的中国民歌，你会顿感仿佛又回到了北京的王府井，上海的南京路，哈尔滨的中央大街。不仅如此，唐人街除了是我们海外华人的精神家园，它也以誉满全球的中华美食和独具魅力的传统文化，吸引着不同语言、不同肤色、不同族裔的朋友。文化在这里交融，世界在这里拥抱，友谊在这里延伸。于是从早到晚，唐人街便汹涌着彩色的人群，流淌着欢腾的浪花。

大排档的斜对过，是一间铺面不大的音像店，从早到晚，不知疲倦地播放着中国各地区、各民族、各种不同风格不同流派的民族民间歌曲，从云南的《小河淌水》到新疆的《半个月亮爬上来》，从黑龙江的《乌苏里船歌》到广东音乐《雨打芭蕉》和《彩云追月》，使你徜徉在民族音乐的文化宝库中，流连忘返。但我始终搞不懂的是，为什么当国内过度地热衷和痴迷于外来的文明和生活方式时，海外华人却执着地对国画、书法、舞狮、耍龙、武术、太极情有独钟？难道弘扬中华文化的历史重担，将压在海外华人的肩上吗？

有歌唱道，好花不常开，好景不常在。由于各种原因我必须回国，真不知道当我离别唐人街时，能不能管住自己的眼泪。

蒙城的冬天

对于那些来自中国南方的新移民来说，蒙城的冬天是一种漫长的无奈，而我作为一个哈尔滨长大的北方佬，对蒙城的冬天却情有独钟。

蒙城的冬天是一幅画。你看，风雪黄昏里，晶莹的雪花纷纷扬扬，飘飘洒洒，无声地飞落在街头和巷尾，河流和山岗，百里蒙城便沉寂在厚重的雪幕之中。天完全暗了下来，大片大片的雪花飞扬着，仿佛在黑色的天幕上缀满无数洁白的花朵，看上去就像一幅朦朦胧胧的巨幅水墨画。第二天清早，雪停了，街道上和公园里，到处都铺满厚厚的白雪，一片片花树的枝头顶着硕大的雪冠，就像千树万树盛开的梨花。这时，一轮大火球从地平线上缓缓升腾，白色的雪野，鲜红的旭日，构成一幅色彩明丽的壮美的画图。

蒙城的冬天是一首诗。你听，邻家女孩子又弹起了《冬日的诗语》，楼上的老画家又在街头公园支起画架，用画笔捕捉严冬里的春意，那枯枝上的白鸽像不像五线谱间的串串音符，而雪地上的一排排足印正是一行行无声的诗句。你不必为漫长的冬夜而抑郁，因为长夜刚好为你提供了充裕的时间，使你完成来不及完成的大作。你还可以沏上一壶好茶，再把音响的音量调小，在《春江花月夜》的乐声中，品味唐诗、宋词或元曲。谁说蒙城的冬天缺少画意诗情，那是因为我们缺少一双发现美的眼睛。

蒙城的冬天是一种生活方式。请看，在儿童游乐场，孩子们乘着雪橇从高高的陡坡上飞腾直下，速度快得使孩子们常常人仰马翻，连人带雪橇一齐跌落雪谷，于是便爆发出一阵阵尖叫和一串串银铃般的笑声。啊，这里没有沉重的书包，有的只是欢乐的童年。若干年后，这些孩子或许会走进高山滑雪场，他们脚踏滑雪板从高山之巅俯冲而下，像展翅翱翔的雄鹰，飞过铁力士山，飞过大峡谷，飞过万丈深渊。他们追求的是速度的极限和冒险的激情，渴望挑战自我挑战严寒，因为他们有力量和自信，有花一样的青春年华。

而在溜冰场上，一对对一双双少男少女，无数北美的申雪赵宏博，正以他们青春的肢体和曼妙的舞姿，演绎着美丽动人的爱情故事，讲述着东方的梁祝和西方的图兰朵，表达他们对爱情和自由的赞美和信念。

你去过老港的新年音乐会吗？告诉你，我去过！哈，在音乐的伴奏下，数不清的男男女女老老少少不停地飞奔，旋转，追逐，特别是那些"夕阳红"、银发族，为什么他们笑得那样灿烂？是因为他们在这里找回了失去的青春！

最能吸引男人眼球的当然是冰球。看到那些冰上健儿了吗？一个个身材伟岸，面容坚毅，充满了对成功的渴望和必胜的信心。有人说冰球是野蛮的运动，不，它崇尚勇敢与无畏，坚定与顽强，自信与智能，速度与力量。它允许所谓的"合理冲撞"，甚至还需要一些张扬或者疯狂，因为冰球"不是请客吃饭，不是绣花做文章，不能那样雅致，那样文质彬彬，温良恭俭让。"冰球就是要呐喊，要跺脚，要吹口哨，有时还要扔西红柿臭鸡蛋，否则你就不要来看冰球，去欣赏交响乐或芭蕾舞好了。当然，前些时候温哥华的冰球惨剧也不足取，我始终想不明白，以加拿大这样高度文明的发达国家，何以发生如此荒唐的悲剧。

很不幸，蒙城的冬天还是一种痛苦的磨难。暴风雪常使航班延误，火车晚点，公交停运，交通受阻。多雪的冬天路难行，行路难，它加深了妻子对远行丈夫的思念，放大了灾民饥寒交迫的痛苦，缩小了街头流浪汉和马路艺术家的生存空间。

不过不要紧，有句话怎么说的来着，冬天已经来了，春天还会远吗？

我与移民文学

上个世纪五十年代，我是哈尔滨的一名中学生，虽然只是个不懂文学的文学青年，却有幸接触到了在世界现代文学史上占有一席之地的俄罗斯远东移民文学。

俄国十月革命后，一大批俄罗斯官僚、贵族、资本家流亡海外，他们当中的一些人选择了中国东北的哈尔滨。人虽然漂流异乡，心却留在了俄罗斯，他们在新生活中复制昨天，顽强地重复着昔日的生活方式。他们按照俄罗斯模式重塑哈尔滨，使之成为"东方的莫斯科"、"西方的小巴黎"。他们不但影响了哈尔滨的建筑文化，也对当地居民的生活方式和饮食文化产生影响，时至今日，哈尔滨高耸入云的教堂、彼得堡风格的长条石块铺就的街道、朦胧温暖的街灯，乃至冬泳和狩猎，黑啤酒和"格瓦斯"，黑面包和酸黄瓜，都是这种文化渗透的表现形式。

移民当中，有一批优秀的作家艺术家，他们不甘寂寞，把文学艺术搞到了哈尔滨。于是，俄罗斯远东移民文学便应运而生，他们成立组织，发展会员，从最初的几人十几人，发展到后来的几十人，最辉煌时曾超过百人。他们出版的文学刊物，除发表会员的作品外，没忘记向移民及其第二代介绍灿烂辉煌的俄罗斯文化，在世界文学史上闪烁着耀眼光芒的俄罗斯经典作家，以及俄罗斯文学画廊中一群群栩栩如生的人物形象。而他们自己的文学和艺术创作，最最重要的主题乃是对旧世界，对失去的天堂的依恋和叹息，是对青春年华和昔日美好岁月的无奈和沉痛的挽歌。他们从不表现生活的困苦和创业的艰辛，因为他们根本不需要创业和劳动，人人腰缠万贯，家家户户的保险柜里堆满了金卢布。他们也从不反映融入主流社会的迫切愿望，因为他们压根儿就不想融入当地华人社会，他们自己才是主流，倒要向当地华人输出自己的世界观和价值观，用他们的人生哲学改造华人世界。

俄罗斯戏剧与戏剧文学，是俄罗斯文化的华彩乐章，感谢当年的俄罗斯移民，那批多才多艺的作家艺术家，通过他们的舞台实践向俄裔社区和哈尔滨市民，特别是向华人青年文艺爱好者，展示了底蕴丰厚的俄罗斯戏剧文化。他们演出了奥斯特洛夫斯基的《大雷雨》、普希金诗体小说改编的诗剧《叶甫根尼·奥涅金》、契柯夫的《樱桃园》、《三姊妹》和《万尼亚舅舅》等戏剧经典，使达吉亚娜、卡婕林娜、万尼亚等优美动人的艺术形象深深地震撼着观众的心。哈尔滨观众还经常目睹剧院的院长在前厅发放演出说明书，总导演充当舞台司幕，这些都给当年的哈尔滨戏剧工作者上了生动的一课，什么是艺术面前人人平等。建国后的哈尔滨戏剧舞台涌现出《赵小兰》、《春风吹到诺敏河》、《北大荒人》、《夜闯完达山》、《祝你健康》等一大批优秀剧目，培养出一代又一代优秀表演艺术家和歌唱家，当年俄罗斯移民文学发挥的影响力与潜移默化，肯定是十分重要的因素之一。

上个世纪五十年代，在中苏两国政府共同努力下，全体旅哈俄侨陆续返回苏联，俄罗斯远东移民文学终于完成了凄美的谢幕。

不知是命运的安排还是历史的巧合，2011 年 9 月我从北京抵达蒙城，踏上了艰辛的移民之旅。初到加国的迷茫与失落不必在此详叙，因为读者诸君必定感同身受。我只是想说，在最初那段艰难的日子里，是魁北克华人作家协会与蒙城众多中文媒体合办的文学栏目，是魁北克华人作家精彩纷呈的文学作品，陪伴我度过漫长的冬日，感谢这些文学栏目的引领，使我逐步认识了魁华作协，最终在友人的举荐下，成为它光荣的一员，从而完成了从一名中国作家到一位魁北克华人作家的角色的转换。

2012年2月5日，魁华作协年会在蒙城隆重召开。会上，我有幸结识了魁省华人文学界的精英，近距离地领略他们的风采，从德高望众的文学前辈，到才华横溢的文坛新秀，从作协的领军人物，到久仰大名的编辑记者，真是人才济济，群英满堂。年会，顾名思义就是要总结过去展望未来，所以作家们的发言别开生面不拘一格豪情满怀。作协主席以诗一般的语言代替干巴巴的工作总结，因为他本身就是一位诗人，有人用朗诵诗作表达内心感受，用引吭高歌抒发豪情，因为这是作家们在开会，诗人们在发言。

年会上，最激动人心的话题是一部名为《岁月在漂泊》的书，这是加拿大历史上第一次由政府批准发行的华裔作家们的书，是一部关于新加拿大人探索和成长轨迹的书，是一部长达四十万字的沉甸甸的书。从构想到成书，它飘泊了十四个春秋，六十位华裔作家飘泊的足迹，分别来自魁北克、卡尔加里、多伦多、渥太华、温哥华、美国、日本、新加坡和中国。毫不夸张地说，这部书创造了海外华人的文学史，作家们的激情燃烧是完全可以理解和想象的。

离开会场，我漫步在深夜的蒙城街头，从圣劳伦斯河吹来的二月的风，轻轻地抚摸着我的面颊。我从一个俄罗斯移民文学的欣赏者，到华人移民文学的参与者，岁月整整流逝了六十个年头。这是一种历史的宿命，还是时代的必然？当然，每个时代都有移民，有移民便必然有移民文学，只是此一个应该比彼一个更精彩更深邃更华美。当年那些俄罗斯的青年男女，在经历了半个世纪的风风雨雨后，无情的岁月把他们雕塑成老态龙钟的旅人，无一例外地全部返回苏联，没有一人能够融入新的社会新的生活，俄罗斯移民文学也只能是无果而终，悲哀地落下它华丽的大幕。而我们的移民文学，却自始至终背靠长江长城黄山黄河，脚踏加拿大坚实的土地，我们不但成功地融入加国社会，而且在生活的各个层面多有建树，为社会做出自己的贡献。因而我们的移民文学事业必将硕果累累，后继有人。而华裔作家神圣的使命必然是，我们不仅要身体力行，发挥文学的认识功能、审美功能和教育功能，并且还应努力反映移民生活，大力弘扬民族文化，增强民族的凝聚力、自豪感和自信心，为繁荣多元文化做出贡献。

我与移民文学，移民文学与我，这将是我未来人生不变的主题。

除夕之夜的警报声

2013 年除夕之夜，唐人街某公寓突然响起刺耳的警报声，惊慌失措的住户们扶老携幼，沿着步行梯奔向一楼大厅。救火车一路呼啸着疾驰而来，经查实原来是一位华裔男子，为悼念先人在居屋内焚香，烟雾超标引发警报长鸣。公寓被消防局罚款，男子受到严厉批评。你想知道肇事者何许人吗？不好意思，那人就是本文作者。

那时我刚移居加国，无时无刻不在思念故国的亲人，活着的或离去的。记得母亲离开我们那年，刚好赶上中国改革开放，人们走出寒冷走出麻木，一头扑进春天温暖的怀抱，心灵解冻了，情感苏醒了，爱的波涛汹涌奔腾。人们不仅急切地关爱活着的人，还通过节日里焚烧黄香土纸这种原始的方式，缅怀先人，寄托哀思，表达对故人热切的思念，从而闪现出人性的光芒。你就看吧，每当节日的夜晚，街头巷尾便会燃起团团烟火，把片片纸钱化为缕缕轻烟，徐徐飘上苍茫的夜空。当时的政府并没有对这种"封建迷信活动"加以制止，只是出台了有关具体措施以杜绝火灾的发生。

　　按照当时民间流行的做法，黄香土纸买回来后，还需加工制作一番。首先要把土纸剪成一迭迭的"大票"，并在上面写明老妈的姓名、籍贯和出生年月日。再剪出一些类似硬币的"零钱"，用来坐公交啦，吃早点啦，买门票啦，使用起来比较方便。后来，贩卖黄香土纸的商家与时俱进，把纸钱升级为印刷品，我曾见到最夸张的一版，面额居然是一百亿元！焚烧纸钱时，口中还要念念有词："老妈，来拿钱吧，统统花掉，不要节省，也不要存入银行，你苦了一辈子，也省了一辈子呀…"当然，我在国内自小接受唯物主义教育，自然不会相信阴间和灵魂的存在，只是通过这种外在形式表达对先人的孝心及无尽的思念而已。

　　来到加国，得知这边不准在室外焚烧香纸，但我自作聪明，以为在自家点燃一柱黄香纪念亡灵总该可以吧？就到华人超市买了四包回来，因为这次我要悼念的前辈，除老妈外又增加了老爸，岳母和岳父。这还不算，我还居然把四柱黄香一齐点燃，而且忘了打开抽风机，于是就发生了本文开头的那悲惨的一幕。从此我时常感到愧疚，不该只图自己情感的表达而使全楼父老兄弟担惊受怕。而且既然来到加国，就该入乡随俗，因为尊重别人就等于尊重自己。

　　我还明白了一个道理，尽孝和爱心也应与时俱进并不断升华与拓展，变原始的外在的形式为更加文明、内在、深沉的展示和表达。我还时常在夜深人静时，饱含热泪，在心中轻轻吟唱阿根廷一位盲人歌手献给自己妈妈的一首歌曲《小小的礼品》，那也正是我唱给母亲的心中的歌："今天是你的生日亲爱的妈妈，我献给你美丽又洁白的鲜花，这鲜花开放在高高的山上，我今天早晨把它采下…"

侃球

　　儿子参加了一支业余足球队，球员中除两名黑人朋友，其余都是华裔青年才俊。训练场地经常变换，夏天好说，随便找个公园的绿茵场，冬天难办，必须大家凑钱，租一间高校的球馆。每周六下午是铁定的训练时间，风雨无阻，雷打不动，天大的事情也必须给足球让路。有一回朋友请儿子吃烤鸭，刚好跟训练顶牛，不用说，儿子毫不犹豫地选择了足球。儿子踢左前卫，球技还行，运气欠佳，入队以来只进了一次球，还是个倒霉的"乌龙球"——那天臭小子进球心切，头脑一犯晕，把球踢进了自家的大门。

　　有一次球队在公园聚会，盛情邀请家属参加，还把全队分成两组打一场表演赛。众家属边吃边喝边看球，那叫一个爽！队员们踢得生龙活虎，技战术运用颇为得当，看来足球那些事基本都在他们心里。只是打法老套，过来过去就是长传冲吊、下底传中那几招。再有就是临门一脚功夫欠佳，白白浪费掉得分的机会。最后，也是业余球队的通病，球员在场上指指点点，闲话连篇。

　　表演赛结束后，家属和队员在球门前席地而坐，开始了无拘无束的神侃。儿子怂恿我来一篇观球感言，我就把自己的想法一五一十地说了出来。不料大家齐声称赞，说客观公正，实事求是，绝对属于行家评球。接着便有人提议，请我侃侃年轻时看球的那些事。我呢，根本就是话痨，又碰上感兴趣的话题，就甩开舌头侃了起来。

我从小就是一足球迷，经常跟随体育老师到球场充当球童。参加工作后更是节衣缩食，省下银子来买球票。有时一票难求，就半夜排队直到天亮，有时球票实在抢手，就在开赛前几小时赶到体育场外等退票。那时的国家队真好，为了向市民普及足球，经常搞些开放式训练，球迷们可就逮住机会，与自己崇拜的球星零距离亲密接触。我们目睹了金牌教练史万春的丰采，饱览了著名中锋张宏根的精湛球艺，我们知道姜杰祥的绰号是"拼命三郎"，知道丛者余 60 公尺全队最快，我们还知道门将张俊秀是个大帅哥，知道陈成达来自上海，年维泗来自北京，陈复来来自解放军，方纫秋来自天津…我们熟知国家队的豪华阵容，每场国际比赛的上场名单也倒背如流。

年轻的朋友可否知道，上个世纪五十年代曾是我国足球发展的最好时期，在亚洲称老大，在世界也算上游，常常打赢罗马尼亚、保加利亚、阿尔巴尼亚，与苏联的泽尼特、迪那莫、火车头等队也常常握手言和。最令球迷津津乐道的，是 1956 年在北京对阵印度尼西亚，那是为争夺奥运会入场券的一场生死大战，中国队以 4 比 3 的比分夺得了胜利。

比赛当天，万人空巷，交通拥堵，先农坛体育场座无虚席，人满为患，歌声、掌声、呐喊声不绝于耳，彩旗、气球、鸽群挤满天空。比赛一波三折，你进我一球，我进你一个，以牙还牙，以眼还眼，散场前一分钟双方 3 比 3 踢成平局，然而就在最后一分钟，中国队王陆妙接队友传球，飞起一脚怒射，皮球应声入网，中国队最终以 4 比 3 的比分告捷。球迷调侃，王陆一脚定大局，把印度尼西亚队送回姥姥家。

你们希望我对球队发展提出宝贵意见，"宝贵"不敢当，意见可以提。首先咱要整明白，踢球就是图一乐，可是这一乐，身体强健了，心情舒展了，日子甘甜了。其次要多比赛，跟华人、西人比，跟多伦多、温哥华比，不是为了金牌，还是图一乐，既娱乐了自己，也娱乐了大众。最后，还要搞点形式主义的东西，队服、队旗、队歌、队名一个都不能少，队名不但要响亮，还要贴切，有文化含金量。

我讲完了，掌声雷动。掌声里有对一个老球迷的敬重，也有海外华人对中国足球不变的期待。

又是一个星期六，儿子训练回来，神色庄重的对我说，球队通过了一项决议，请我担任球队的一个重要职务。我问是什么职务，搞得神神秘秘的。

"首席技术顾问，当然是不带薪水的。"臭小子一脸严肃的说。

故园行

　　文革以前，我住在北京的南城。当时的北京人，把南城称为城外或郊区，然而对我来说，这里却是我心中的乐园。不必说安安静静的大街，也不必说一条条幽深的长巷，单是那挤满丁香花树的四合院，就足够令人神往。是啊，城里有星光般的灯光，我们有灯光般的星光，也许会有人向往城里的灯光，我们却礼赞满天的星斗，还有护城河水中银色的月亮。

　　那时候我是个文艺男青年，经常在假日里泡上一天图书馆，再与二三文友漫步在黄昏的街头。我们沿着巍峨壮丽的古老城墙和潺潺流动的护城河水缓步而行，如血的夕阳给黄昏中的古老城墙镶上一道闪亮的金边，勾勒出它古朴的身姿和雄浑的轮廓。一群归鸟煽动着沉重的翅膀飞过暮色苍茫的天空，落在高高的城墙上，歇进野草丛生的窝巢，而在城墙与护城河之间，陡然出现了一大片迷人的樱桃园林，那一颗颗硕大的红樱桃，宛如一轮轮鲜红的小太阳，挂满沉甸甸的枝头。

　　春天的时候，我们还会去郊游。古城的春日明媚而迷人，整个城市掩映在树树红花丛丛绿荫之中，白天落过一场春雨，荷花池里肥大的荷叶象翠绿的玉盘，盛满颗颗晶莹的露珠，我们走过一片花地，徘徊在绿玉般的林间，沿着迤逦的小路拾级而上，登上了一座高塔，鸟瞰墨绿色的古都。而当迷人的月夜来临，夜空象一块蔚蓝色的天鹅绒幕布，温柔地笼罩着华灯初上的城市，无数颗金色的小星星珍珠般镶嵌在无垠的夜空，而在我们脚下，护城河水汩汩流淌，天上的星群跟地上的灯火一齐倒映在河水里，融为一条涌动着星光与灯光的彩色的河，流淌着迷人的画意与诗情。啊，青春的年华与青春的古城，永永远远在我的心版上存盘。

天下没有不散的宴席，好日子也有结束的时候，文革中我从北京流浪到了外地，再后来又从外地流浪到了外国。这次我重回故里，为的是寻觅青春的记忆与护城河里银色的月亮。

然而记忆的导航仪失灵了，我在故乡的土地上迷了路。巍峨壮观的古老城墙拆除殆尽，风格古朴的城门楼子不翼而飞，昔日那流淌着诗情和画意的护城河也已填平拓宽为笔直的马路。大片幽美恬静的樱桃园林被夷为平地，宁静的深巷和飘散着花香的四合院早已无影无踪，取代它们的是那林立的广厦和拓宽的大街。我郁郁不安若有所失，一种深深的失落感油然而生。永别了，那高峻深厚的古老城墙，月光与星光下的护城河水，如画般秀美的樱桃园林，雨夜少女卖杏花的深巷…永别了，一切古朴而深沉的美！

夜幕降临了，大街上熙熙攘攘，车水马龙。汽车的喇叭声、街头的音乐声、商贩的叫卖声此起彼伏，不绝于耳，仿佛一曲嘈杂的交响曲，刺激着你的神经，令你发疯！无数座广厦的霓虹灯广告，闪闪烁烁，宛如一片诱人的鬼火，宝马们奔驰们奥迪们在高速路上风驰电掣，而佳丽们身着貂皮大衣，足蹬高统马靴在街头游弋，她们浓妆艳抹，衣着华丽但俗不可耐，仿佛时装展销会上时髦的模特。

我的心被无奈与失落切割着，是啊，我没有找到昔日的家园和护城河水中的圆月，没有找到传统文化的保护、发扬和坚守，找到的是美的破坏，审美的偏差，文化上的愚昧落后与自卑，以及盲目地追求高度，高度，高度！有资料显示，全球在建的摩天大楼百分之九十在中国，有的地方拟建高达千米入住人口十万的摩天大厦，各地还有什么立体外滩、空中城市、空中别墅、空中花园、空中高尔夫球场，等等，等等，不一而足。这些水泥森林和建筑垃圾，当属破坏性建设与建设性破坏，是文化上不自信的表现，也是摩天大楼的建设疯狂后，随之而来的经济衰退甚至崩溃的不祥之兆。我们必须清醒地认识到现代化建设与传统文化的关系，经济发展与文化继承的关系，时尚元素与古典文明的关系，认识到高楼大厦冲天而起，扩大了地球的地盘，却侵占了天空的空间，也许有一天，我们会受到耶和华的惩罚。

现在，我要向我亲爱的家园，说一声再见！

在古巴

五十年前，当我坐在北京后海的花前月下，与一帮少男少女纵情高唱《哈瓦那的孩子》时，说什么都没想到，五十年后，我竟能躺在加勒比海金色的沙滩上，享受着古巴温暖的阳光。

那是今年二月的一个风雪黄昏，我乘加航班机，从冰天雪地的蒙城出发，前往古巴的一个海滨度假村去"晒太阳"。经过四个小时的飞行，我们飞进了火热的夏天，飞进了红花、绿树和蓝色海洋的怀抱。

我住的酒店只有三颗星，但它造型新颖风格独特想象大胆。无比宽敞的大堂满是奇花异草和郁郁葱葱的树木，大堂四周则是潺潺的流水和别致的小桥，酒店的各部分用木板桥相连接，使你仿佛置身于热带原始丛林之中。跨过流水走出大堂，你会发现整栋大厦被一层层一片片椰子林、棕榈林和香蕉林拥抱着，大厦前面是一条宽阔的运河，后面则是蔚蓝的大海和无边无际的海滨浴场，这里有"阳光、沙滩、海浪、仙人掌……"只是缺少一个"老船长"。

除了美景，这里还有美酒、美食、美女和美妙的音乐。每天晚上，来自哈瓦那的艺术家们，在这里表演精彩的歌舞和戏剧。啊，那是何等美好的演出哟！艺术家们善于让传统与时尚牵手，请严肃拥抱流行，他们用美声演唱古老的民歌，在古典芭蕾里揉进现代舞的元素，高雅但通俗易懂，通俗但不低俗，他们的演出干干净净，绝无那些乌七八糟的舞台垃圾，真没想到，人们竟在这里找到一方艺术的净土。特别值得称道的是，艺术家们每一个空转和跳跃，每一个和弦和高音，都表现出扎扎实实的基本功。你看，一排美女云朵般轻盈地飘上舞台，她们四肢修长，身轻如燕，动作和谐舒展，在一连串高难度动作后，一个漂亮的后空翻，从高高的舞台翻到观众厅！但是别怕，因为早有一排男演员准确无误地出现在台下，把她们一个个稳稳的接住，于是每位男女演员各牵着两位观众走上舞台，开始了观众与艺术家的狂欢。看到这里我才恍然大悟，为什么古巴国家芭蕾舞团能走遍全球，并且到处受到欢迎。

说到演出，有一件小事令我十分感动。一次，主持人向全场观众询问，有从英格兰来的吗？没有。有从欧洲来的吗？六位。接着她明知故问，有从加拿大来的吗？只见全场起立，掌声雷动，伴随着阵阵欢呼。旅伴告诉我，古巴有七成的旅游者来自加拿大，而且加拿大人宽容平和，与世无争，具有先天的幽默感和乐观精神，所以到处受到欢迎。接着，主持人请四位观众上台表演节目，结果上台的又全是加拿大人。第一位是一个小帅哥，他边唱边跳，手舞足蹈，前空翻后空翻侧手翻，最后竟甩掉上衣，亮出了结实的肌肉。第二位和第三位也身手不凡。而最后一位居然是个拄着手杖的老者，白发苍苍，气质不凡。主持人问他血压如何？他说正常。心脏情况怎样？他说很好。一定要参加表演吗？他说当然。说着便扔掉手杖，开始即兴表演。一群加人冲上舞台，在他周围形成了一个圆圈以保护他不出意外，一边高喊老爸！老爸！一边载歌载舞，尽情狂欢。接下来的节目让全场乐翻了天：快速亲吻现场女观众，看谁在三分钟内亲吻的人数最多。没想到，冠军居然是那位老爸，因为从大姑娘到小媳妇，从小女孩到老太太，都争先恐后地让老爸亲吻，一群姑娘还站成一排，为的是提高老爸的"工作效率"！

　　还有一次，我们到度假村附近的一座小城观光，一路之上，花园、广场、餐馆和五颜六色的房舍让我们目不暇接，但最令我们惊叹的是，大街上居然跑着那么多不同年代不同品牌的中国生产的汽车，从吉利、现代、大发、北京吉普到超级豪华的宇通客车。此外，附近还有两个中古合资的项目也已投入运营。我们还意外地发现，这座滨海小城居然还有一家中餐馆，于是便情不自禁地欢呼起来，仿佛哥伦布发现了新大陆。当地人发现我们是中国人，表现出充分的友好和信任。是啊，上了年纪的人都知道北京和毛泽东，如同我知道格瓦拉和卡斯特罗一样。

说出来怕你不信，我们在小城遇到了一群红领巾！随着苏联解体和东欧剧变，红领巾早已从那一片土地上消失，就连在中国，据报载有的学校已宣布小学生不再佩戴红领巾，还有的学校把红领巾改成绿领巾，我不知道取消红领巾究竟是对是错，我只是感到自己作为一名曾经的老少先队员，对它有着一份特殊的感情。于是，我采取立正姿势，向孩子们行了一个标准的队礼，红领巾们也呼应着我，把他们的手臂高高举过头顶，路人们发现一个白胡子中国老头儿跟一群古巴孩子在街头互致队礼，便发出一阵会心的笑声。

唉，在古巴晒了七天太阳，看了六场演出，结识了五位异国朋友，可谓收获满满，感触多多。当我结束这次难忘的旅游离开这片如花的土地时，耳畔仿佛又响起了《哈瓦那的孩子》，那首感人至深的老歌："美丽的哈瓦那，那里有我的家，明媚的阳光多温暖，遍地开红花……"

布鲁塞尔的小尿童

前年夏天，我随旅游团走了趟欧洲，历时半个月，行程十一国，看到的听到的想到的实在太多太多，但是最让我难以忘怀的，却是比利时首都布鲁塞尔的那尊尿童像。

据说在一战期间，普鲁士军队占领了布鲁塞尔并想炸毁它。导火索点燃了，正在这千钧一发之际，一个叫于连的小男孩急中生智，撒了一泡尿浇灭了燃烧的导火索，保住了这座美丽的城市。人们为了永远纪念这位比利时的民族小英雄，就在市中心的街头广场立起了一尊塑像，还把它复制成大大小小的各种尺寸，赠给来自世界各地的旅游者，把小英雄的动人故事带到世界的各个角落。

大巴在广场上停住了，我们蜂拥上前，争睹尿童的风采。这是一个七八岁的男孩，正用双手扶着小鸡鸡，全神贯注地射向燃烧的导火索。他的脸上写满了勇敢与无畏，眼里闪烁着智慧的光芒，嘴角上浮现着一丝顽皮和对侵略者的嘲笑，真是惟妙惟肖，栩栩如生。而更加妙不可言的是，从尿童的小鸡鸡里居然射出一道道水流，在空中划出了一个优美的弧线，落在静静的水池里。就这样，分分秒秒，日日夜夜，小尿童的"长流水"永不停歇地敲击着池面，发出一阵阵叮叮咚咚的声响，就像一曲曲美妙的音乐。

离开欧洲已经很久了，但布鲁塞尔小尿童动人的形象，却时常浮现在我的眼前。

中国的小球门手，你在哪里

近日整理旧书，在一本建国初期出版的文学期刊上，又看到了那幅苏联名画《小球门手》，仿佛老友重逢，倍感亲切。感动之余，写就这篇短文与读者诸君分享。

《小球门手》是一幅油画，表现一群孩子放学之后，在街头公园的一块空场上，把书包堆在一起当成球门，开始了一场小足球赛。作品的主要人物是一位小球门手，他身穿运动衣，戴着门将的皮手套和护腿，摆出随时扑救险球的姿式，全神贯注地盯着画面上并不存在的中场，他专注的目光激发了读者的想象，使我们感受到双方球员在中场的激烈拼抢，而他时刻都在准备着，一旦足球射向球门，他会像飞鱼一般跃起扑球，化险为夷。

在小球门手的身后，站着一个更小的男孩，身穿一套红球衣，腆着小肚子，双手自信地倒背在身后，一副"大哥大"的模样，心里暗想，我可是球队的第二守门大将，休想把球踢进来！而在场边的一条长椅上，坐着一大排球队的粉丝，坐在中间的那位身材高大的中年男子是画家自己，正在专心致志地欣赏比赛，没准他小时候也当过小球门手哩！当然也有对比赛不那么感冒的，长椅下的那只小哈吧狗，一直在若无其事的打着瞌睡，还有一位小女孩，只顾跟布娃娃讲悄悄话，爱谁谁，管不着！

这幅油画构思精巧，布局严谨，以虚代实，以少胜多，通过鲜明的人物形象，展现了苏联儿童欢乐的课余生活。作品摈弃了直白的表现手法和真刀真枪的正面图解，而是通过人物的目光、表情与肢体，充分调动读者想象，烘托比赛的动人心弦。而《小球门手》作为儿童题材的绘画作品，表明当年苏联的艺术家们潜心为孩子们创作文化精品，极大地丰富了广大少年儿童的精神文化生活，表现了艺术家崇高的使命感与社会责任感，对比他们，中国当代的文艺工作者只有汗颜与无地自容了。

对比《小球门手》中孩子们欢乐的童年，深切地为今日中国的孩子们感到愤懑与不平。有多少孩子的童年被蛮横的虎妈们剥夺，又有多少无知的家长被"不能让孩子输在起跑线上"的屁话蒙蔽。其实，当你的孩子站上"起跑线"的那一刻，他就已经输定了！小山似的作业，名目繁多的兴趣班，花样翻新的各类比赛，压垮了孩子们稚嫩的肩膀。分，分，分，学生的命根！考，考，考，老师的法宝！学校、老师、家长乃至全社会，联手打造出一批又一批高分低能、盲目自大、心理脆弱、缺失爱心与孝心，不知付出与奉献的二十一世纪的可悲废物。

　　诚然，不少明智的家长已悟觉到还童年于孩子的迫切性，然而问题在于我们的家庭和社会究竟要给孩子们怎样的童年。上电脑，玩手机，痴迷网络游戏，看韩国人不屑一看的韩剧，唱日本人不屑一顾的卡拉ＯＫ，听钢琴演奏不超过一分钟就打盹儿，阅读文学作品不会超过十页，他们对足球这项男子汉的运动嗤之以鼻，一窍不通，衣着打扮言谈举止女里女气，不男不女，半男半女…不，这不行！我们要找回他们缺失了的责任心、同情心、冒险精神和团队精神，锤炼他们阳刚、霸气、勇于担当，培育他们的幽默细胞和忧患意识，把他们送到足球场、冰球场、棒球场去感受集体的温暖和友谊，并期盼多年之后，在他们的行列里，有更多些《便衣警察》，哪怕是被追捕的杜丘。

　　中国的小球门手，你在哪里？

与中山先生对话

迎着黎明的霞光，我来到天安门广场，金色的霞光里，我仰望孙中山先生的巨幅画像。慈祥的面容，亲切的目光，仿佛在说你好哇我的孩子，你好像有话要对我讲。

泪光闪亮，思绪飞扬，我们缅怀您，敬爱的孙中山先生。您是伟大的革命先驱，伟大的民族英雄。革命征途路漫漫，一腔热血写春秋，辛亥革命的风暴，推翻了中国几千年的封建统治，北伐进军的号角，迎来了国家的统一。您的三民主义学说，呼唤着民族、民权和民生，您的著作《建国方略》，描述了锦绣中华经济建设和社会进步的宏伟蓝图。您高瞻远瞩，制定了"联苏、联共、扶助农工"的战略决策，您"联合世界上一切平等待我之民族"的外交路线，为我们留下了宝贵的精神财富。

啊…白云…万里…蓝天…辽阔…江河…浩荡…大海…扬波…一个世纪过去了，我们的国家繁荣富强，祖国的宝岛发达兴旺，两岸人民团结一心，携手奋进。国家要统一，领土要完整，民族要复兴，中国要富强！这是中山先生的遗志，也是两岸人民的共同愿望。因为我们都是黄皮肤黑眼睛的龙的传人，我们都是血浓于水的炎黄子孙，我们的心间都耸立着黄山长城，我们的血液里都流淌着黄河长江，我们的魂灵里都有中国梦的伟大理想。

"革命尚未成功，同志仍需努力。"

敬爱的先生，您的遗训我们没有忘，您"五族共和"的夙愿我们没有忘。我们现在呀，是五十六个民族五十六朵花，五十六族兄弟姐妹是一家，各族儿女牢记一句话，民族复兴，爱我中华。

现在，我，一个漂流异乡的华夏子孙，向祖国亲人，向祖国宝岛的同胞们，向旅居海外的父老乡亲，呼喊：中山先生的遗愿，国家要统一，领土要完整，民族要复兴，中国要富强，大家听到了吗？

听到了…听到了…我们都听…到…了

他与她

他站在窗前，凝视着对面楼上的窗口，在这除夕之夜，整幢大厦灯火通明，只有她的那扇窗口黑着灯，仿佛盲人黑洞洞的眼睛。

她终于没能在除夕之夜赶回来，也许永远都不会回来了，他不知道应该为她祝福，还是为自己的命运伤心落泪。

她是一位大学老师，随男友移民来到这里，出于各种原因，他们找不到工作，男友选择了放弃，只身回国发展。她独自留下来，靠在中文学校的代课工资维持生计，日子过得相当清苦。几年过去了，她依然看不到东方的曙光，决心离开这里。男友跟她是正式分手，回国后生意做得红红火火，但他至今未娶，并跟她的家人保持着联系。她想等攒够了机票钱，就鼓足勇气回去找他，如果男友还接受她，又能找到合适的工作，她就下定决心不再回来。

就在这时，他住进了这间公寓，他是一位画家，听到她的情况，便请她做模特并付费给她，尽管费用标准很低并且经常欠账。她长得很美，属于有内在气质的那种，当她端坐在画架前，把一条腿放在另一条上，再把两只手交叉在一起放在胸前，那种感觉便十分优雅、端庄而高贵，他喜欢那种感觉。

工作之余，他带她跑遍全城，从老港的街头巷尾到皇家山的林间小路，从各种美术展览到形形色色的艺术沙龙。他还经常带她去听各种音乐会，主要是免费的那种，她特别喜欢一位中国音乐家的地铁手风琴独奏音乐会，在这里她欣赏到那么多的世界经典曲目，认识了吴祖强、哈恰图良和柴可夫斯基。

后来，一个偶然的发现使她目瞪口呆。有一次，她走进了食物银行，在那里看到了他。当时他正在排队领取一份食物，然后只是吃了一小片面包，剩下的全部装进了饭盒。顿时，她明白了一切，明白了他编造的那些美丽的谎言，每当他从外面匆匆忙忙地赶回来，把一大包食物摆在她的面前，一边看她津津有味地吃着，一边说什么刚跟朋友聚餐回来，现在是酒足饭饱消化不良。她哭了，属于那种无声的哭泣，但她没敢揭穿他，她觉得那太残忍。

还有一次，他晕倒在画架前，她被吓坏了，一边紧紧地抱住他，一边不住地叫着他的名字，醒来后他不得不承认，他的心脏出了问题，经常罢工，停止跳动，医学上叫停搏，也叫长间歇，一天二十四小时中，超过二点一六秒的长间歇他就有五十八次，还有一回居然超过了三秒，这就意味着他随时都有猝死的可能。

她哭了，这次是属于嚎啕大哭的那种。从那以后她养成一个习惯，每当他劳累过度或睡眠不足，她都会去摸摸他的胸口，看看心脏是否还在跳动。

机票钱终于攒够了，他催她赶紧成行。但她不想走，因为她听他说过，最怕独自一人熬过除夕之夜，所以她要留下来陪他。他告诉她必须回去，她的生活在那边，那语气是命令式的，斩钉截铁，不容商量。

她一步三回头地走了，登机前留下一句话，她要在除夕的夜晚赶回来，她不能让他独自一人度过那漫长的冬夜。

他最后一次望了一眼那黑洞洞的窗口，随手按了一下音响的开关，房间里顿时回荡起贝多芬的《命运交响曲》，作品的第一个乐句便是那样雄浑有力激动人心，那是命运的敲门声：嘭、嘭、嘭、嘭…嘭、嘭、嘭、嘭…

教堂的钟声响了十二下。突然，那个窗口亮了起来！接着响起了电话铃声，他急忙抓起电话："是你吗？快说，那边情况怎样？祝贺你…祝贺你…祝贺你…"

　　他听到那熟悉的、妩媚的广东普通话："但我还是选择了放弃，我必须回到你的身边，我不能再把你一人扔在除夕之夜。别动，在房间里等我，我马上过去！"

　　他的眼里含满泪水，接着他听到了急促的敲门声：嘭、嘭、嘭、嘭…嘭、嘭、嘭、嘭…

十月献辞

枫叶红了，菊花黄了，金色的秋天来了，收获的季节来了，七天周报的热心读者们也来了。

我们带来了鲜花与祝福，歌声与微笑，带来了感恩的心，深深的情，满满的爱。

因为，今天是你的生日，七天，我们放飞澎湃的诗情和心底的歌声，共同礼赞你的十年华诞。

朋友问我，什么是七天，七天是什么？我说，七天是一首诗，一本书，一幅画，一支歌。

朋友说，七天是一个家，是海外华人的精神家园，温暖着我们漂泊的路。

温暖着你，温暖着我，温暖着他。

我虽然年事已高，但却是个新移民。那是一个多雪的冬天，我从北京飞抵蒙城，飞进风雪茫茫的冰冷的世界。语言不通，环境陌生，不见了文友与酒友，久别了歌声和琴声，一盏孤灯半杯冷茶，伴我度过漫漫长夜。

是缘分让你遇见了七天，丰富的内容，众多的板块，缤纷的色彩，高大上的版式设计，让你爱不释手，流连忘返。

跟随七天的脚步，我登攀皇家山顶，徜徉劳伦斯河，倾听老港轮船汽笛与教堂钟声的共鸣，走进百姓的故事和城市的年轮，走进节日，走进军营，走进美术馆、博物馆，走进龙舟赛，也走进音乐厅。

走出封闭的斗室，拓展生活的空间，生命之树焕发了勃勃生机。

虽然我年纪轻轻，但却是个"老华侨"，有房有车有事业，唯独没有融入社会的大河，找不到一种家的感觉。心儿在流浪，乡愁在漂流，徘徊，彷徨，迷茫，惆怅，生活的风帆失却了方向。感谢七天，为我核正了失误的罗盘，为我展开高飞的翅膀，是你那独树一帜的人物专访，那华人精英们的拼搏精神和奋斗历程，杰出的成就和感人的事迹，振奋了海外华人特别是青年一代的精神，为自己签约了信仰，绽放了理想，点亮了青春，定格了人生的航向。

我是个文学女青年，感谢有你，七天。你用金色的犁铧，耕耘文学的绿地，收获沉甸甸的果实。你是文学青年的普罗米修斯，用真善美的火光，把我们的青春点亮，你把歪歪扭扭的方块字铸成诗行，每字，每句，每个标点，都有你辛勤的汗水在闪光，"先学做人，再学作文"，是你写作教材的第一篇章。

我的故事用泪水编就，那是一篇悲哀的童话。故事中的白马王子背叛了我，抛弃了可怜的丑小鸭。谁的青春不热血，谁的爱情不疯狂？我想好啦，在投身劳伦斯河的碧波之前，给七天的首席记者打个电话，把这心酸的故事讲给她。

首席记者来了吗？

来了。她的脸上写满焦虑，她的眼里含满泪花，她紧紧拉住我的手，句句都是知心话。

好妹妹，你真糊涂！好妹妹，你快醒醒！

爱情诚可贵，生命更无价。

莫让儿女情长拴住了高飞的翅膀，莫让悲欢离合暗淡了青春的光华。

想想父亲疲惫的身影，想想妈妈满头的白发。

想想弟弟伤心的啜泣，想想妹妹眼角的泪花。

好妹妹，你醒醒吧！醒醒吧！醒醒吧！

夕阳红似火，晚霞飞满天，老港的灯光亮了，教堂的钟声响了，星光和月光洒满劳伦斯河，我的眼泪哭干了。整整八个小时过去了，她没喝一口水，没吃一口饭，忽然想起当晚还要出报，急忙掏出电话，向社长请假。

社长说什么？

社长急啦！她扯着嗓子喊，准你假，准你假，这件事情比天大，咱们宁肯今天的报纸不出啦，你也一定要把我们的姐妹留在这片银色的月光下！

啊，七天，我们的精神家园，我们向你唱响心底的礼赞。

你弘扬中华文化，传承华夏文明，传递华人声音，服务华人社区，增进加中友谊。

你以拓荒者的魄力，开垦着海外华媒的处女地，你以高瞻远瞩的大视野和敢为天下先的勇气，打造文化精品，为读者奉献精神盛宴。

你的新闻视觉扫描整个世界，把丰富的信息资源与广大读者分享，从"纸上的唐人街"——华社新闻，到满地可、魁北克、加拿大、中国…

你关注环球风雨硝烟，关注中华大地的社会进步，经济发展。

你推进文化交流，开展慈善活动，你为四川地震灾区捐款、到汶川采访，为陕西贫困山区捐建萌华学校，在加中两国推动当代白求恩活动。

你曾两次作为魁省唯一的媒体随同前总理哈珀访华，你的首席记者作为海外华人第一位战地记者奔赴战火纷飞的阿富汗，重任在肩，不畏艰险，向世界展示了海外华人的风采。

十年弹指一挥间，你呕心沥血，成就辉煌，硕果满园。

如今的七天，已成为加拿大各级政府了解当地华人社区的窗口。

海外华人与祖国联系的门户。

三级政府向华人社区传递信息的渠道。

　　心系七天，感恩七天，感谢你用赤子的忠诚支撑着蒙城文化的天空。愿你再接再厉，奋勇登攀，为了时光的切换，为了下一个十年！

红灯区的脱衣舞厅

红灯区的脱衣舞厅

父子情深

　　五十年前一个春天的早晨，在中国大西北的一座边塞小城，一名壮汉正背着一个五岁的男孩，在市中心大步流星地穿行。这位男子是本市文工团的一名美工，就是根据舞美设计师的艺术构想绘制景片，制作布景的那种，说白了，就是一画景片的。他的婆姨在国营农场子弟中学当老师，五岁的儿子手指甲发炎，被农场医务室给耽搁了，这才决定把孩子送来，到市立医院就医。像所有大西北的偏远小城一样，这座城市闭塞落后，市民们编了一段打油诗，说它一个公园两个猴儿，一个警察把两头儿。全市只有两辆公共汽车，分别从火车站和南门广场对开，你想，要背着孩子挤上车，真是比登天还难！再说，一张汽车票虽然才五分钱，但他当年只是个文艺十七级，月工资只有四十块五毛，不，他不能随随便便花掉这五分钱，他想积少成多，为的是能给孩子买一双解放军穿的那种草绿色胶鞋。这样想着，他便攒攒劲，背上孩子，甩开大脚板，向医院走去。

　　到了医院，挂上了号，却找不见换药的护士，原来是喂奶时间到了，也不知那护士正躲在哪儿给孩子喂奶哩！他便把儿子安排在挂号室旁边的一条长椅上，说：

"娃呀，你就坐在这儿别动，爸去找护士，不许乱跑，医院很大，跑丢了，那麻烦可就大了！"

他从衣袋里摸出两块廉价的水果糖，塞进孩子手里："拿着，甭一下子吃光，吃一块，留一块。"他从衣袋里又摸出两块"你只要听话，不乱跑，回头这两块也归你。"

孩子眼巴巴地望着他，说："我不要水果糖，我要你留下，爸，你别走！"

"不行，你手指甲发炎哩，千万不敢躭搁哩，早一分钟把针打上，把药换上，爸才能安心哩！听话，娃，等爸回来！"

孩子的眼神里写满了无助与无奈，依恋与期盼，声音小得几乎听不见："爸，那你早点回来呀！"

他的眼睛湿润了，鼻子一酸，头也不回地快步离去。

往事如烟…

多年过去了，在体制改革大潮中，文工团被解散，他便流落到了外省，又从外省流落到了外国。

儿子已长大成人，在一所大学任计算机工程师，工作干得风生水起，独挡一面。天下没有不散的宴席，好日子也有到头的一天，正当他进行角色转换，由当年文工团的美工华丽转身为加国的舞台美术设计师时，命运却将他抛进了医院。

儿子忙得四脚朝天，学校医院两头跑，先是用光了年假，接着就是利用午休时间溜出学校，赶到医院照顾老爸，臭小子甚至不顾前程，准备提前退休。幸亏老天有眼，好人好报，老爸终于转危为安，当主治医生宣布诊断结论时，臭小子居然当着医生和老爸的面，失声啜泣起来。

也是一个春天的早晨，儿子开车送老爸来医院跟踪复查，当他把老爸安排在前台的一张沙发椅上时，便对他说："爸，你就坐在这儿，千万别动，等我回来，这医院简直就是个迷宫，连我有时都找不到东南西北，你又不会英语法语，万一走丢了，那麻烦可就大了！"

他继续千叮咛万嘱咐："你再朝里坐些，躲开大门的风口，早春天气穿堂风也硬着哩，洗手间在斜对面，记得别把手杖落在里面。"

老爸的神色顿时暗淡下来："你要去哪儿？"

　　"医院门前不准停车，我去找个能停的地方，很远，我得跑着回来。爸，听话，回去我陪你喝两杯红酒，外加一盘水煮花生米。"

　　"下回再来不要开车，打出租。"

　　"行，听你的，打出租。爸，我走了，等我！"

　　老爸的眼神里写满了无助与无奈，依恋与期盼，几乎是用哭腔说道："儿子，你早点回来呀！"

　　儿子赶紧转过脸去，不使老爸看到他眼角的泪水，然后迈开大步，歪着脖子，朝着医院大门走去。

雪花晶莹

　　张天亮斜靠在副驾驶的座位上，凝望着车窗外纷扬的雪花，那雪花晶莹剔透，无声无息，在这残冬的黄昏，格外显得宁静而安详。

　　"爸，你坐稳了，前面是急转弯。"儿媳一边减慢车速，一边对张天亮说"你再坚持一下，咱们很快就到家了。"

　　儿媳就职于一家美国公司，属于职场精英那种，人也长得好看，端庄秀丽，气质高雅，她孝顺父母，尊敬公婆，一家人相处得十分融洽。然而在张天亮的潜意识里，总觉得儿媳与女儿还是有所不同的，儿媳本事很大，人又长得漂亮，所以张天亮总觉得她有些高冷，而女儿则不同了，那是爸妈的小棉袄啊！

　　直到三个月前的一天，一场意外改变了他的认知，那天他去参加蓝月亮朗诵会的演出，在剧场前的台阶上一脚踩空，狠狠地跌了一跤，把自己跌进了圣母医院的重症监护室实施抢救。命虽然保住了，但后脑出血，椎骨断裂，视力减退，双腿丧失行走功能，尤其令他难堪地是小便失禁，排尿困难，不得不使用导尿管！

张天亮的儿子正在国内出差，全副重担完全压在儿媳的肩上，祸不单行，偏偏儿媳的爸妈身体又查出了问题，而婆婆也是百病缠身，这就使得她不得不两线作战，在两个家庭四位老人之间马不停蹄地奔波，在公司、医院、学校之间穿梭往返。张天亮的小孙女是个聪明可爱的小月亮，儿媳早晨要送她上学，晚上要接她回家，周末还要陪她去舞蹈学校，跟一群小乌兰诺娃们排练《四小天鹅舞》。从早到晚，她简直忙昏了头，不行了，我顶不住了，我要崩溃了，她说。

就在这时，蓝月亮朗诵会的诵友们伸出了援手，她们组成陪护团队，每人半天轮流陪护张天亮，陪他说话，扶他走路，充当翻译，帮他与医生护士交流。这些朋友们在国内时都是各条战线的精英，移民加国后生活和事业也都顺风顺水，日子本来可以过得很舒坦，但他们却偏偏喜欢上了文艺，硬是挤出时间排练演出，期盼通过朗诵这一高雅艺术娱乐听众，陶醉自己。想到这儿，张天亮咧开大嘴笑了，他体察到这个世界还是很温暖的！

车窗外，纷扬的雪花晶莹剔透，无声无息，静悄悄地飘落着。

今天一大早，儿媳便陪同张天亮来到医院，可是起了个大早赶了个晚集，直到中午还是没能看上医生。

儿媳拿出一只食品袋，把早晨准备好的汉堡、酸奶、鸡蛋、三明治一样样摆在张天亮面前。

"爸，吃饭。"她一手摸着自己的前额，一手试着张天亮的体温"还行，不烧，你先吃，我去给你打水。"

张天亮心头一阵温暖："你也吃吧。"

"我不饿。"她抓起杯子，静悄悄地走了。

下午，护士告知要做排尿检查，合格的指标为300cc，为了排尿顺畅，建议多喝水多走路，儿媳便一趟趟地跑去打水，又搀扶着张天亮在走廊上一趟趟地走来走去。最后，护士让张天亮躺上病床，接上导尿管，拉上布帘子，就去忙其他病人去了。儿媳呢，哗地一声拉开帘子，双腿跪在床前，目不转睛地盯着导尿袋上的刻度表，忽然大喊："尿出来了，尿出来了！"接着又眯起一只眼，借着窗外的一丝微光，努力辨认着导尿袋刻度表上的数字，兴奋地喊道："爸，300cc，护士，护士！"

检查终于做完了，结果令人十分满意，她这才想起了饥饿，便抓起一个汉堡，有滋有味有声有色地狼吞虎咽起来，她吃得很专注，仿佛在品尝美味佳肴。

张天亮凝望着车窗外纷扬的雪花，若有所思地说："谢谢你，孩子！我想，你对亲爹也不过如此吧？"

"你就是我亲爹。"

"我是你公公，老柳才是你亲爹。"

"爸，你就是我亲爹。"

她说得很平静，就像车窗外静悄悄的雪花，晶莹剔透，无声无息，宁静而安详。

我们的团长

　　团长姓马，叫马铁丁，当年他从市委宣传部派到我们歌剧团任团长，发现团里的那些剧作家、作曲家都有个笔名，不少演员还有艺名，决定入乡随俗，自己也闹上一个，推敲了一个晚上，决定叫马铁丁，就是马蹄子上的那块马蹄铁，寓意老马识途拉车不止的意思。

　　团长很抠，抽最次的烟，喝最便宜的茶，买起书来可是一点都不含糊，他的书房四面墙上镶嵌着三排大书架，上面拥挤着马恩列斯毛，还有孔孟老庄墨，热闹得很哩！

　　团长很土，衣着打扮言谈举止就像个四九年进城的土八路，他尤其看不惯那些奇装异服，歌剧团有个副团长，小六十的人了，打扮得像个小青年，花衬衫，鸡腿裤，火箭鞋，巴拿马草帽，新潮发型，留着一撮小胡子，腰间一条宽皮带，就差插一把牛崽的匕首，团长破口大骂："你狗日的多大岁数了，整个一小痞子嘛，穿衣戴帽各有所好，可也不能太出格嘛，你大小也算是个领导干部嘛！去，马上把那狗球胡子给我剃掉，否则我撤了你狗日的！"

团长很好学，啃过几本马列，诗词歌赋也颇有研究，但既然进了歌剧团的门，就理应在音乐方面下番功夫，就找到剧团管弦乐队指挥，向他借两本音乐理论瞧瞧，那指挥是中央音乐学院的高材生，顺便抽出两本，一本是《作曲法》，一本是《和声学》，团长如获至宝，回到家一头扎进书房埋头苦读起来，可是开篇第一句就没看懂，书上尽是些"小蝌蚪"、"豆芽菜"，第二天他把书还给指挥，说："太专业了，太深奥了，简直就是天书嘛！"

团长经常点儿背，当初他来歌剧团时，工资关系还留在宣传部，部里分房，他们科室三个干部只给两套房子。三个人坐了一上午，大眼瞪小眼，也没弄出个分配方案，快下班时团长去了一趟洗手间，回来时方案出来了：团长下，另外两位上！

全国最后一批福利分房时，团长的工资关系转到了歌剧团，论工龄，级别，贡献，干群关系，这回他说什么也跑不了啦，可他却把指标让给了一对等着新房结婚的大龄青年，那男青年在乐队吹法国号，演出时他一紧张就"冒炮"，气得团长喊爹骂娘。结婚时，法国号领着媳妇，拿着礼品来感谢团长，团长吹胡子瞪眼睛，说：“感谢个球，你臭小子往后别给我冒炮就阿弥陀佛了！”

那时文艺口评定技术职称有一条硬指标，申报高级职称者必须在省级以上刊物发表三篇论文，出一本书。团长在出版口呆过，对出书那是轻车熟路，知根知底，便把申报者集中起来，通报情况，了解信息，策划选题，但出书名额有限，他就把自己要出的一本书拿了下来，又一次把指标让给了别人。这件事在当时影响很大，有人说：“啥叫大公无私，啥叫舍己为人，看看人家歌剧团的马团长！哪像咱们单位的头儿，书出了一本又一本，对手下人却漠不关心，不闻不问！”

剧本，剧本，一剧之本。马团长在歌剧团工作了五年，组织创作了七个本子，六个立在了舞台上，其中一个在全国打响，女主角是一位蒙古族女中音歌唱家，被中央某团看中，马团长爱才心切，哪里肯放，可是人家通过中央某委压省委，省委压市委，市委压马团长。他实在顶不住，只好放人，不过某团答应可以提个条件，团长咬咬牙，狠狠心，壮着胆子提了一个条件：要一台德国钢琴！演员们朝他吼叫：“团长，一台破钢琴换走一歌唱家，这下咱们亏大了！”

团里一位剧作家移民加拿大，团长为他饯行，眼泪汪汪地说："走吧，走吧，出去开开眼界，长长见识，学学洋鬼子舞台上的洋玩艺儿，回来为咱中国民族歌剧添砖加瓦。你若不想回来，也罢，把咱们中华文化的宝贝疙瘩展示给世界，也很有意义。来，兄弟，喝酒！"

我的电影梦

　　蒙城一位年轻的华裔美女导演，三年前拍摄了一部反映华人妇女移民生活的影片，深受好评。美女导演趁热打铁，很快又写出来姊妹篇，故事大意是女主人公林嫂住进了老年公寓，结识了比自己年长五岁的男主人公陈伯，两个孤独的天涯沦落人相识相知相爱，最终战胜了传统观念的束缚，走进了婚姻的殿堂。扮演林嫂的女演员在前部影片中已有相当出色的表现，在姊妹篇中自然继续担纲，而男一号陈伯则是个新的人物，于是剧组便在全城四处寻找演员。就在这时，魁华作协几位热心的同事推荐了我。

　　我出国前曾在国内专业表演团体从事专职戏剧创作，作品曾被演出、发表、出版并获奖。但对于表演却纯属业余，一是形象不够理想，当年最走红的演员都是些浓眉大眼高声大嗓的所谓工农兵形象，二是语言不过关，我那口浓重的山东普通话多次引发同台演员笑场不止，三是我非科班出身，没有荣幸在中戏和北电啃过"斯坦尼"（俄国戏剧家斯坦尼斯拉夫斯基）关于表演艺术的大部头。但我偏偏热衷表演，梦想在舞台上通过语言和肢体，塑造形象，展现性格，诠释生活。于是导演便把诸如匪兵甲、匪兵乙、老班长、小战士等小角色分配给我，但我牢记斯坦尼的名言：没有小角色，只有小演员。我把每一个群众角色都演得尽心尽力，得到观众和同行们的认可。

接到剧组通知后我很纠结，吃不准是否应该前去试镜。放弃的理由是现成的，年纪大了，身体差了，心灵结冰了，激情不再燃烧了。可是在我的心底，有一个声音在召唤，舞台和银幕不是你一生的梦想吗？人生能有几回搏？去吧，不要惧怕失败，因为失败是"成功的妈"。

我提前到达了约会地点，不久便有一个美丽的身影向我飘来，凭那风度，那气质，那服饰的简约与华美，我知道这就是我的导演，粗心大意的我发现她的身段不是特别理想，但当我定睛一望，方知她是怀着小宝宝，这让我顿时肃然起敬，为了一个电影人的敬业、执着和追求。

她开门见山，直奔主题，首先要求我朗诵一首诗或散文，我便把自己创作的一首小诗《故乡小巷的月亮》念给她听，当我读完最后一个诗节，看见她的眼角闪动着晶莹的泪花。不，不是因为诗作多么出色，也不是朗诵技巧多么高超，完全是缘于她作为听众，我作为朗诵者，对久别的故乡那份共同的挚爱与眷恋，才产生了心灵的沟通与情感的共鸣。最后，面试结束了，我被确定为男一号。

可是头一场戏就被我演砸了，面对林嫂，我不能进入角色。林嫂的扮演者不是一位专业演员，而是一位用英文写作的著名华裔女作家，她的一生充满传奇色彩，四十岁时只身一人到魁北克法语聚居区的一个小山村生活多年，为的是创造一个学习法语的语言环境，也为了丰富人生阅历，积累创作素材。我移居加国后，多次拜读她的大作，受益匪浅，能与这样一位才女演对手戏，真是三生有幸！然而正是由于这样一种心态，导致我很难进入规定情景，很难相信眼前这位敢做敢为、敢于挑战命运战胜自我的女作家，就是那位性格温顺、胆小怕事、不能主宰自己命运的林嫂。

导演挽着我的手，一边踱来踱去，一边侃侃而谈。她说，斯坦尼斯拉夫斯基要求演员在舞台上要真听，真看，真想，真信，而一旦不能"相信"，则演员在舞台上的一切——台词、动作、舞台调度，乃至一个眼神、一个微笑、一举手一投足，便统统失去了表演的依据而流于苍白和虚假。她还说，林嫂是真实的吗，当然是，她那苦难的人生和寒冷的昨天是真实的，她那向生活投降向命运低头的性格也是真实的。扮演林嫂的演员是真实的吗，当然是，但她首先不是一位学识渊博著作等身的女作家女强人，她首先是一个人，一个女人，而既然是女人，她就会有孤独无助的时刻，她的心中也会有一块柔弱的地方，她也渴求一双男人的温暖有力的大手。而她最最成功的一点就是，她相信林嫂这个人物，也相信自己就是林嫂，相信演员和角色之间有一颗相同和相通的种子，并把这颗种子培育长大，成为一个混合体，这样，演员和角色合二而一了。你看，她解放了天性，排除了杂念，超越了自我，她成功了。

她接着说，请你回忆一下前部影片中林嫂的一个镜头，一个大特写，那是一双悲哀的眼睛，这双眼睛震撼着我们的心，它既是林嫂的，又是演员的，因为演员和角色早已融为一体，密不可分了。陈伯，请你闭上眼睛回想，你看见那双眼睛了吗？看见了吗？看见了吗？

是的，我看见了！我看见了那双悲哀的眼睛，看见了那无助的目光，我还看到她坎坷的一生，孤单无助，生活艰辛，在魁北克寒冷的冬夜里，一个人险些冻死在阴暗潮湿的地库。而我，陈伯，一个男人，有义务牵着她的手，把她引领到温暖的阳光下。我大步流星地走向她，紧紧抓住她的双手，我们两人的手都在颤抖着，陈伯的和林嫂的。我们的声音哽咽着，眼里闪动着泪花，心底涌动着激情，我满怀深情地对她说："小林，跟我走吧，我要把你带出黑暗的昨天，带到有阳光的地方去！"

掌声响起，这掌声来自导演，来自剧组的工作人员，导演赞赏有加："好，很好，非常好！希望下一场戏二位还能这样演。"

然而，永远没有"下一场戏"了，由于投资商破产，摄制资金打了水漂，使影片无奈流产。导演四处找钱，力图使影片起死回生，但商家们看到的是一部传统的华语影片，有限的华人观众群体，远离了凶杀、暴力和色情，就等于远离了票房和市场，而票房就是大爷，市场就是上帝！

剧组解散了，大家依依惜别，相见恨晚。这些文艺思想上的同路人，握手，拥抱，让眼泪横飞。我安慰导演说，影片流产反而是件好事，因为它可以保证你顺顺利利平平安安的生产小宝宝，愿你的作品美丽又可爱。

我的电影梦就这样破灭了，但我仍然很知足，因为我曾勇敢地去追梦，不管是失败还是成功。

去年夏天一个晴朗的早晨，我在唐人街路遇导演和她的先生，还有他们的作品，一位美丽可爱的小月亮。

她告诉我，她要回母校重新攻读导演专业，这使我充满期待，期待她早日学成归来，期待看到她的电影新作，更期待能再次成为她影片的演员。

红灯区的脱衣舞厅

初来加拿大那两年，我经常由一位见多识广的女性朋友陪同，听音乐会，看芭蕾舞，参观美术馆博物馆，感受加国独特的历史与文化。有一次她问我，想不想去红灯区的脱衣舞厅观赏一番。

我被她的大胆提议吓到了，我生在中国长在中国，从小到大接受的都是传统的文化理念，什么脱衣舞、夜总会、红灯区，在我们这代人看来无疑等同于文化糟粕和洪水猛兽，在我的思维里，很难把这些东西跟一位东方文明国度里成长起来的人联系在一起。

她看透了我的心思，就对我说，脱衣舞是一种文化，是加拿大成人娱乐的特殊文化样式。蒙特利尔号称世界性都，是全世界性文化最开放的城市，在这里同性恋受到法律保护，同性恋村和一年一度的同性恋大游行，成为蒙城独特的名片，这是因为根据加国宪法，每位公民都有权选择自己的生存取向。在这种性文化的大背景中，脱衣舞厅雨后春笋，应运而生，风起云涌。她还说脱衣舞是一种生活方式，脱衣舞厅作为成人娱乐场所，可供人们工作之余跑来放松一下，饱饱眼福。最后她居然宣称，脱衣舞还是一种艺术，是生产力，可以极大地刺激旅游业，增加就业和社会安定，好处多多，不一而足。

我不知道她从哪里倒腾来这么多奇谈怪论，不过仔细想想，这些观点也并非完全没有道理。她仿佛看出了我的犹豫，笑着说，要不咱们就走一趟？

我们披着夜色，穿过繁华的闹市，来到一座灯火辉煌的高厦前，它的整个二层就是蒙城红灯区最著名的脱衣舞厅。五颜六色的霓虹灯闪闪烁烁，勾勒出一位脱衣女郎的魔鬼身材，她一面向你翕动着血红的双唇，一面不停地朝你飞着媚眼，仿佛下定决心要把你勾进舞厅，不达目的，决不罢休。

我们用十加元购得两张门票，在保安大哥的引领下走进舞厅，他为我们找好座位便悄声离开了。这些保安大哥个个人高马大，膀阔腰圆，但却并不如我想象的那般凶神恶煞，他们文质彬彬，笑容可掬，礼仪周全，身着礼服，扎着领结，衬衣袖口上闪亮着金纽扣，举止优雅，风度翩翩，一个个就像气质洒脱的外交官。紧接着酒神降临你的面前，一位亭亭玉立的美女托着一排玉立婷婷的高脚杯为你斟酒，红酒十元一杯，啤酒十元一瓶，原来脱衣舞厅具有惊人的啤酒销售量，此乃啤酒促销的最佳形式，也是脱衣舞厅财源广进的主要渠道。

　　加拿大的脱衣舞厅有一整套成文或不成文的法律法规，用以约束顾客与舞女，从而规范双方各自的行为。例如严禁未成年人进入，谢绝酗酒者、衣冠不整者、行为不端者入内，场内严禁拍照，不准触摸舞女（或顾客）的身体等。偌大的舞厅内，场面虽火爆，秩序却井然，观众或欢呼或狂叫，或拍手或跺脚，或欣赏优美的舞姿或扫描性感的胴体，或与舞女饮酒或与女友窃窃私语，一切尽在法律规定的范围之内，没有打架斗殴和野蛮行径，没有污言秽语和不良举止，这些都是我始料不及的，此行果然是开阔了视野，增长了见识，领略了不同国家不同种族不同的文化。至于那些可爱的观众，有的西装革履，有的随意休闲，有青年情侣，有中年夫妻，也有白发苍苍举止庄重的老者，我还看到一位先生坐着轮椅被夫人推进舞厅，很快便有一位妙龄女郎走上前来，为他跳起了桌边脱衣舞。说到底，脱衣舞不过是人的合理需求满足和被满足的过程而已。

　　舞台上的表演渐入佳境，一个个光彩照人的性感女郎依次登台，竞相献艺。她们身材窈窕，面容秀丽，举止妩媚，仪态万千，她们有诱人的丰胸和美腿，有燃烧着激情的灼人的目光。他们当中有青春少女，也有半老徐娘，有专职舞女，也有大学生和留学生，由于加国法制健全，舞女的合法权益得到保障，吸引了全球特别是东欧和南美的脱衣女郎。

突然，舞厅里响起暴风雨般的掌声和狂热的呐喊，原来是一位叫朱丽的舞星登场了。她身材婀娜，凸凹有致，风韵十足，秀色可餐，她拥有白皙的皮肤、鹅蛋形的面庞和丰满的臀部，硕大的乳房拔地而起，咄咄逼人，金色的长发披散着，瀑布般垂落肩头，看上去活脱一个人肉炸弹。此时场内灯光逐渐暗淡，音乐时而像晚风在呜咽，时而像海涛在奔腾，朱丽呢，时而翩翩起舞，那舞步如同芭蕾般飘逸，时而爆发出一连串前空翻、后空翻和侧手翻，使你相信她是一位曾经的体操运动员。接下来她开始表演钢管舞，她以钢管为依托，将舞蹈和体操巧妙地揉合在一起，做出各种高难度动作，当身轻如燕的朱丽顺着钢管从高空坠落下来，全场发出一阵尖叫，接着就是雷鸣般的掌声。最后，脱衣舞的华彩乐章出现了，朱丽伴着音乐的节拍，艺术地把自己脱得一丝不挂，当她把性感的内裤扔给台下一位青年观众时，全场又爆发出阵阵开心而友善的笑声。此时此刻，只要你是一个健全的人，我敢说你的目光无疑会定格在那美妙而诱人的胴体，那是人体美和人性美，我们欣赏它，正如在美术馆欣赏裸体画作一样。

　　赤身裸体的朱丽正要下场，一位青年观众嘴里叼着一张钞票躺倒在舞台上，朱丽立刻扑在青年身上，口对口地叼走了它，这是舞女赚取额外收入的方法之一。另一种更加刺激的方法，是舞女为顾客单独表演，脱衣女郎会把顾客引进舞厅内的小房间，躲开众人的目光，为他尽情表演。有一种观点认为，这种单独的表演与加国公共礼仪的律法并无抵触，与日益开放的道德观念也不构成冲突，何况加国的脱衣舞厅有明文规定，不准触摸舞女，当然也不准相互触摸。不过我想，顾客和舞女作为成年人，如果他们两厢情愿，在众人的视线之外做出一些什么动作，就算是法律也无能为力，鞭长莫及。

　　这时，那位可爱的女性朋友向我提出一个可爱的问题：如果有一位脱衣女郎打算把你领进那神秘的小房间，你会跟她去吗？不等我回答，只见身着三点式的朱丽轻盈地向我走来，她千娇百媚，风情万种，全身散发着透骨沁髓的香气，含笑对我说："我愿意为你单独表演脱衣舞，希望你不会拒绝。"

　　我会拒绝她吗？其实，我心中已有答案，只是我不想说出来，因为我打算让读者自己去猜想。

请你写首朗诵诗

蒙城拥有众多的诗人，也拥有众多的诗歌爱好者和朗诵发烧友，如何把诗人诗作推介给广大读者，同时又向朗诵发烧友们提供朗诵诗，从而丰富和活跃蒙城群众文艺舞台，显然是一个十分有意义的课题，而不久前《七天》周报连续举办的两场诗歌朗诵会，便对这一课题进行了十分有意义的尝试。然而，尽管出现在朗诵会上的诗篇均属上乘之作，但也确有部分作品不属于朗诵诗的范畴，这是因为朗诵诗作为一种文学样式，它必然有着自己的创作规律和艺术特征，而只有充分认识并掌握这些创作准则，才能更好地为朗诵爱好者提供优质的诗篇。

我们知道，诗歌是个大家族，而朗诵诗就是这个大家族的一个成员，它除了具有诗歌的一般特征外，还有着自己鲜明的个性特点。

首先，朗诵诗除了供读者阅读外，更主要地还是通过诵读供听众欣赏，因此它属于听觉艺术，所以朗诵诗尤其需要具有饱满的思想情感与强烈的感情色彩，通过抒情的手段来感染听众。

其次，朗诵诗是通过朗读来打动听众的，具有一定的演出性，这就要求作者必须考虑作品情绪的连贯和完整，准确地安排情绪的起伏和高潮，从而形成鲜明的情感节奏。

再次，朗诵诗属于一次过的艺术，读者可以坐在桌前或躺在床上读一首诗，也可以坐在公园里或公交车上读一首诗，而听众却必须集中在一个固定的场所里欣赏诵读，因此朗诵诗的语言必须通俗易懂，含意明确，韵脚整齐，节奏鲜明，那些读者读不懂，编者没读懂，作者自己也不懂的三不懂诗篇，是无论如何也不能拿来朗诵的。朗诵活动是由朗诵者和听众共同完成的，所以它的篇幅不宜很长，句式不能太长，结构不宜太过复杂，每句的字数大体相等，适当运用对偶的修辞方法与对应的结构方式。

最后，动手写作前还应考虑到朗诵形式，是一人还是集体朗诵，是化妆朗诵还是配乐朗诵，是在舞台上还是在社区、校园、教堂、广场朗诵等。

郭沫若的《天上的街市》，贺敬之的《桂林山水歌》，海子的《面朝大海春暖花开》，陆蔚青的《硬币上的鹰》，都是优秀的朗诵诗。

咱们说说诗朗诵

上周咱们聊了聊朗诵诗，现在来说说诗朗诵。朗诵诗与诗朗诵是两个不同的概念，前者是一种文学样式，后者是一种演绎方法，从某种意义上说，诗朗诵属于艺术上的一种再创作。当然，朗诵也是有章可循的，只要你掌握了它的规律与特点，就一定能朗诵得很精彩。

一是认真研究分析作品，吃透诗作的内容、主题、结构、高潮，只有理解得深透，才能诵读得感人，从而将作者的创作意图准确地传送给听众。

二是掌握作品的风格与形式，是抒情诗，叙事诗，还是讽刺诗，童话诗?是格律诗，自由诗，还是现代诗，民谣体?从而使形式更好地为主题服务。

三是分析作品的结构，找出它的启承转合与情感的高潮。一般来说，作品结构的外在表现形式是段落，通过分段使作品层次清楚，有条有理，脉络分明。朗诵者也可以根据二度创作的需要，将几个自然段合并为一个意义段，也可以将一个大段细分为几个小段。段落明确了，结构清晰了，便给作品的演绎和情感的表达找到了空间上的依据。

　　四是合理使用停顿，通过停顿划分段落，体现结构，突出高潮。一般来说，诗作的题目、作者、朗读者与作品之间，以及各段之间都应有一个适当的停顿，但停顿不是休息和休止，而是此时无声胜有声，为后面重要的字、词、句、段做好充分心理准备，同时也是强化节奏，克服平淡的有效方法之一。

　　五是准确把握语言的节奏，朗诵是语言的交响乐，它也有着自己的四个乐章，逐步把诵读推向情感的高潮。音量、音高、语速、语调，特别是情感的抒发，都应由小到大，由弱到强，逐步上升，从涓涓细流千回百转，到奔腾入海直达高潮。

　　六是找准重音，这是克服语句平淡的有效方法，分为感情重音与逻辑重音两种。感情重音如：孩子们，冲啊！重音应放在冲字上。逻辑重音如：我明天上午10点乘海航388次航班飞三亚参加笔会，可根据要突出的对象，如人物、时间、航班、目的地、事由的需要来确定重音。

　　七是运用适当的手势、恰如其分的动作、适度的表情、合理的舞台调度有效地表达思想感情，脸上没有春夏秋冬，呆立台上雷打不动，那不是朗诵而是背书。

当然，我们也必须了解朗诵艺术与戏剧表演的同与异，不允许过火的表演和夸张的肢体语言。

八是努力激发视像的产生，一个情感投入的朗诵者，在诵读过程中常常会产生视像，使自己描绘的人物、景物、细节栩栩如生地浮现在眼前。视像的产生不仅是表现作品的必要手段，也是消除紧张情绪的有效方法。著名诗人贺敬之的名句：雪花——北方，桃花——南方，五月——海浪，八月——麦浪…短短的八个词汇却营造出四个鲜明的视像，为朗诵爱好者们津津乐道。

一曲关于英雄的赞歌

中国著名文艺理论家胡风先生，曾就作家与生活的关系提出著名论断：到处都有生活。而《七天》周报作者、诗人陆蔚青则用自己的创作实践，鲜明地印证了这一文学理念。

走进陆蔚青的诗歌长廊，你会感到生活的春风从四面八方扑面而来，而诗人则把文学的触角伸向生活的各个角落，全方位多侧面多层次地反映现实生活，从生活的大花园里采撷万紫千红的诗的花朵。打开陆蔚青的作品目录，便可窥见其作品内容之丰富，题材之多样，生活面之宽泛，这里既有壮美如虹的人生交响乐，又有悠扬悦耳的生活牧歌，既有海外游子的思乡曲，又有小桥流水，风花雪月，儿女情长，她写无脚英雄，也写家常里短，柴米油盐，麻将麻友，红桃 2 梅花 3，她热情地讴歌真善美，也无情地鞭笞假丑恶，情人重逢令她唏嘘，见利忘义的商人令她厌恶，就连皇家山墓园也能激发她创作的灵感。为什么陆蔚青的作品百读不厌，那是因为她的牧笛里发出的是多音阶的乐音，从而使自己的文学之河永不干涸，以强烈的思想性与可读性吸引着读者、听众和朗诵者。

《硬币上的鹰》正是这样的一首诗作，它也是多年前发表在《七天》周报文学副刊上的一首旧作，在不久前的《七天》作者诗歌朗诵会上，受到诵者和听众的欢迎。看看作品的题目，足见作者立意之新颖，开掘生活角度之独特，谁没见过那枚镌刻着无脚英雄动人形象的硬币？但我们不知道它是一首诗，一支歌，一曲英雄的礼赞，但陆蔚青看到、想到、写到了，她从一枚硬币这一生活细节入手，塑造了无脚英雄壮美的文学典型。说到英雄，我们的思维模式是单一的，一成不变的，又是陆蔚青，为我们呈现了生活中的"这一个"，这一个与众不同的具有更高审美价值的英雄的典型。

故事是这样开始的：一块钱的硬币上，行走着一个穿假肢的英雄，他失去腿和脚，却决定穿越北美大地。短短四行，却交代了人物，提出了矛盾，设置了悬念，并由人物身体的残疾与追求宏大生活目标而产生了对比的艺术效果。短短四行，却令朗读者周丽心潮起伏，热泪盈眶。尽管作为一个经验丰富的朗读者，她明知首段的任务是交代和叙述而不能投入更多的情感表达。

接下来是这样的：没有腿的行走，他用假肢敲打地球，他在风中挥舞手杖，卷发飘扬，眼睛闪光。在这里作者使用了一连串的动词：行走、敲打、挥舞、飘扬、闪光，从而使画面充满了动感。朗读者周丽在本段仿佛瞥见作者精心塑造的人物形象，他不仅具有英雄的宏大理想与内心世界，还拥有用假肢敲打地球、在风中挥舞手杖的潇洒动作，卷发飘扬，眼睛闪光，八个字的肖像描写使一个真男人的壮美形象跃然纸上。朗读者仰视着这一崇高的典型形象，在这个心胸博大的男子汉面前，使多少现实生活中的油腻男们汗颜！

接下来作者发出了如此的议论和感慨：想象那没有腿的奔跑，想象那孤独行者的心，有多少人在为没有鞋而哭泣，他们没有看到这个没有腿的人。在这里，前两句诗属于作者对无脚英雄的想象，后两句是对现实生活中的那些准男子汉们的联想，而想象与联想又构成了写作方法的对比，从而干预了生活，嘲讽了人生，升华了主题，难怪伟大的德国诗人歌德说，对比是所有写作方法中最重要的方法。

让我们看看诗作是如何收尾的：我握住这枚硬币，握住一颗永不屈服的心，一个朝圣者的灵魂。这是一个宣言式的结尾，一个赞美诗似的结尾，一个讴歌英雄崇高灵魂的结尾，我相信陆蔚青写到这个结尾时一定是泪光闪闪不能自已，就像千百个读者、听众和朗诵者一样。我的一位朋友，也是陆蔚青的粉丝回国定居，行前将一把零钱留给了我，但却带走了那一块钱的硬币，他是否也想带走一颗永不屈服的心，一个朝圣者的灵魂？

这首诗本来是笔者朗诵的保留节目，曾多次在各种场合诵读过它，由于在策划《七天》作者诗歌朗诵会时发现周丽没有节目，便将本诗交她诵读。周丽出国前从事青年工作，至今葆有青年工作者的朝气与洒脱，文如其人，她的诵读阳光般灿烂，月光般妩媚！你问这首诗她读得怎样？让我悄悄告诉你：她读得比我好！

朗诵诗《重逢》赏析

　　《重逢》是著名诗人陆蔚青多年前发表在《七天》周报上的一首朗诵诗，在第一次《七天》作者诗歌朗诵会上，被朗读者发掘出来加以深情演绎，从而感动了全场听众。一首多年前的旧作，却依然被朗读者念念不忘，依然被听众接受和喜爱，足见其强烈的艺术感染力！

　　《重逢》是一首优秀的朗诵诗，它完全符合朗诵诗的创作规律和艺术特征。作品主题具有深层次的审美意义，语言优美生动却又通俗易懂，易于诵读和被听众接受，韵脚响亮，属于鲁迅先生所言，押大致的韵。诗作结构严谨，层次分明，容量适中，既不因篇幅冗长而吓跑听众，又能完成作品内容的完整叙述。特别值得一提的是，一首只有 4 个自然段，每段只有 4 行的诗作，却使读者和听众感受到了 4 个人物的存在，并且还为朗读者提供了丰富的联想、想象和视像。

　　作品是这样开头的：小街寂静，一座房子，一盆盛开的金菊，秋天在菊花中探出头来，几只鸟在树上耳语。短短的 4 行诗句，却依次交代出 5 个生动的视像：小街、房子、金菊、鸟、树，仿佛一个个特写镜头。朗读者庞淑敏在诵读这个首段时，以叙述者的语调，徐缓的节奏，含而不露的情感表达从容展开，在她虚幻的情境中，闪现着一连串的视像，仿佛电影中摇拍的长镜头。

第二自然段是这样的：我站在门前忐忑不安，想象房子里你的模样，好像十八岁的春夜，如今是否两鬓染霜。在这里出现了两个人物，我和你。而站在门前的我、房子里的你、十八岁时的模样、如今的两鬓染霜，都是虚写而非实写，但却比真刀真枪地实打实地正面描写人物肖像更加事半功倍，作者充分调动读者、朗读者、听众的想象和联想，以虚带实，以一抵十，反而产生了韵味深长的艺术效果。

第三自然段：重逢，喜悦或者哭泣，喋喋不休然后默默无语，岁月站在不远处，看他的杰作，骄傲或者叹息。在这里又出现了两个人物，一个是故事的叙述者，另一个是岁月——如果我们把它也理解成一个人物。庞淑敏在诵读本段时，仿佛看到了房子里真实的生活场景，喜悦之后的哭泣，喋喋不休后的默默无语，语调里盛满着人生的无奈，岁月的无情，命运的无语。

尾段居然可以这样写：命运走过了时间，走过了悲欢离合，我曾在你的窗外忐忑，如今我转身离去。真是别样的重逢，构思精巧，出其不意，耐人寻味，以新颖、新鲜、新奇的角度，完美呈现了这首人生小夜曲。

　　这首诗的朗诵者是银色月光朗诵会的庞淑敏，一位昔日的美女警官，如今的美丽舞者，她集歌者、舞者、诵者于一身，多才多艺，拥抱生活。她选择了《重逢》参加朗诵会，使我想起自己当年的朗诵老师聂书杰先生的一句名言：作品选对了，朗诵就成功了一半。

展开联想和想象高飞的翅膀

　　《七天》周报作者、诗人陆蔚青应邀去台湾参加一次文学活动。有一天，她走在港口城市苏澳的街头，目睹了这样一幅生动的画面：敞开的窗前，挂着一件玫瑰红的长衫，女人的宽袖，舒展在苏澳的街道上。这，就是朗诵诗《苏澳，挂在窗前的那件长衫》开头的两句，而正是这件舒展的玫瑰红的女人的长衫，吸引了朗读者陈鹃的眼球，引导她继续阅读下去。

　　那件长衫有点像和服，又有点像汉装，就像台湾的历史，时段分明而成份复杂。风从窗口吹进来，长衫像一只大鸟，高高举起双臂，然后柔软转身，向天空飞去。在这里，就是这样一件普通的台湾妇女的长衫，却引发了诗人丰富的联想，作者以这件又像和服，又像汉装的长衫为切入点，联想到台湾历史和文化独特的发展轨迹，它既有和服的痕迹，又有汉装的元素，既时段分明，又成份复杂，深刻地揭示了祖国宝岛与中华文化必然的历史渊源，从而开拓了作者思路，拓宽了题材内容，加大了作品容量，深化了诗作主题，增强了思想内涵，像一把开启思路的金钥匙，为作品插上了高飞的翅膀。

诗作的最后部分是一大段抒情的慢板：阳光从斜刺里直直地切过来，把它托在空中，在长衫后面，还有一件白色长袍，它质地朴实，沉默无声，玫瑰红的大鸟便飘下来，轻轻落在街上，甩了两下长袖，好像一个端庄而动情的青衣，水袖在热带熏风中翻转，我听见从遥远的历史深处，传来莺莺的一声清唱，一双白色的长袖轻轻搭过来…张生来也！

这正是本诗的华彩乐章，通过拟人手法的运用，陆蔚青把一红一白一衫一袍写得活灵活现，妙趣横生！在这个抒情段落里，作者以梳人灵魂的诗句展开浪漫的想象，描绘一红一白两件长衣飘落街头，舒展长袖，翩翩起舞，从而为读者和听众搭建了一座虚拟的街头舞台，让我们重逢久违的莺莺和张生，欣赏她们曼妙的双人舞。在这里，诗人使用了想象这根神奇的魔杖，形象地表达了中华历史文化的源远流长和对台湾的深远影响，为那件又像和服又像汉装，时段分明成份复杂的玫瑰红长衫，做出了生动形象而又合情合理的诠释。

这首诗的朗读者是《七天》周报的热心读者、银色月光朗诵会的陈鹃，她是一位文艺女青年，除喜欢唱歌、跳舞、弹琴、旗袍走秀外，尤其热衷于读书和写作，勤奋好学，孜孜不倦。为了读好这首诗，陈鹃查阅了台湾地图，了解苏澳这一港口城市，为了结识莺莺和张生，她阅读了剧本，为了结尾处的一句戏曲念白和一个优美的身段，她四处请教戏曲专家，终于把这首精美的诗作完美地呈现给听众。

你

　　你是个马大哈，北方话就是马马虎虎粗心大意的意思。你乘地铁经常坐过站，有一次居然坐进北岸的车库，那是一次朋友聚会，你乘末班车赶回唐人街，一路上你聚精会神地推敲着一首诗歌，忽然发现不妙，车速减慢，车厢里空无一人，定睛一看，列车开进了北岸的车库慢悠悠地停了下来。完了，这是末班车，它要在车库睡上一夜，明早再作为头班车参加运营。你打开书包，里面有一瓶矿泉水，一块黑面包，一只空饮料瓶可以方便一下，一份中文报纸可以铺在车厢里睡上一夜，你想给家里打个电话报个平安，可是车库里没有信号，不晓得此刻儿子该有多么着急！

　　正在这时，列车轻轻抖动了一下，车头变车尾，退出了车库，轻轻地开走了，你默唱着《拉德斯基进行曲》，向中国城进发！

　　一次，蓝月亮朗诵会举办一场演出，就在演出前夜，忽然接到演出场地三佳国际教育学院校长的短信，说是接到警方通知，学校周边有恐怖袭击。你作为演出的组织者之一，决定转场加德学院继续演出，并微信众位诵友，做出安排。次日清晨，有的诵友冒着风险赶赴三佳张贴转场通知，有的赶到加德学院把指示路牌一路贴到演出场地，有的站在寒风中迎接观众，有的引导观众入场落座…上午十点，演出准时开始并取得圆满成功。

演出结束后，你没有乘车，而是沿着圣·凯特琳大街一路向东走回家中，你想一边缓步而行，一边梳理整场演出的成败得失，享受成功的喜悦。你走过公园，走过广场，走过教堂，最后竟然走过了自己的家门！蓦地，圣·劳伦斯河大桥出现在你的面前，方知自己又一次"三过家门而不入"，便自嘲地笑了一阵，转身西行而去。

更加不靠谱地是，有一次你要回国，一来是为你的新书联系出版社，二来是在国内寻找一个适合养老的地方。那天你起了个大早赶到机场，下定决心这次千万不能误了航班，但笑容可掬的空姐却对你说，航班没错，时间也没错，就是日期错了，这是明天的机票，先生你提前了一天！这故事把蓝月亮的诵友们笑了个前仰后合，她们纷纷发挥自己的写作才能，创作了一首首打油诗对你进行调侃，你却说，偷着乐吧，幸亏是早了一天，要是晚了一天，那麻烦可就大了去了！你终于实现了美丽的愿望，在广西巴马的一个长寿村寻找到了养老宝地。现在，你离开蒙城已三年有余，不知你在那边过得怎样。

加国现在大疫当前，大家宅在家里，自我隔离。于是，旧日朋友们的音容笑貌一个个从眼前闪过，仿佛一组长长的摇镜头，于是便将思念付诸笔端，弄了几篇回忆的文字，而打头的一篇，便是老兄你。你问我是谁？我是你在蓝月亮朗诵会的诵友，也是合唱团男低声部的歌友——张天亮。

我

　　我在南方考察，想找个适合养老的地方，一位驴友指点说，可以去广西的巴马瞧瞧，那里是全国有名的长寿县，从巴马乘 5 路小公共一路向西，有一连串长寿村，最有名的当属坡月村，我去过一次。

　　我到了巴马，赶在黄昏前上了 5 路小公共，邻座是位美丽的少妇，刚好就是坡月村人，我便请她帮我介绍一家旅店，她说不用介绍了，我就是开店的，叫好客旅社，在当地有点儿小名气，虽然是个家庭旅馆，但清洁卫生，价格合理，有冰箱彩电，炊具厨具，能做饭，能洗澡，能上网，室内有独立卫生间。

　　"行，反正我这一百多斤都交给你了，"我说，"请问你怎样称呼？"

　　"我叫李媚，妩媚的媚。"她说话的声音很好听，很轻很甜，果然妩媚。

　　这位李媚很能干，先生在县城打工，她自己在村里开了这间家庭旅馆，到了旺季忙不过来，她会请一位"候鸟"帮忙打理，候鸟是本地人对那些北方佬的戏称，冬天来巴马晒太阳，夏天回北方享受清凉，候鸟般自由地飞来飞去。

　　我们沿着坡月河，在百里画廊中穿行，两边的一座座青山宛如一块块硕大的宝石，奔腾的坡月河流淌着一堆堆碧绿的翡翠，天空是蔚蓝的，空气是甘甜的，难怪巴马人健康长寿。

　　"不仅如此，"李媚对我进行了一番科普，"首先，长寿村吃的都是绿色食品，粮食是自己田里种的，青菜是自家菜园里长的，枣果梨桃是自己树上摘的，野菜是在山上拔的，不用化肥，不打农药，绝对环保。喝的水没有污染，呼吸的是新鲜空气，冒烟的企业一律停产。再有就是这里属于高山地区，离太阳近，光照时间长，仿佛伸手就能摸到太阳！最后，也是最重要的，是这里分布着大量地磁，对多种疾病有着显著的治疗效果。"

　　坡月村到了，我跟随李媚到了她的好客旅社，她帮我换了一套新的被褥，说："晚上睡觉不用关门，我们这里没有小偷，但必须关窗，这里的蚊虫特别厉害。"

　　第二天我起得很晚，站在五楼阳台上，整个长寿村尽收眼底，绿色的坡月河在脚下汩汩奔流，河的两岸矗立着幢幢高厦和一片片房舍，我赶紧穿戴齐整，别了李媚，沿着坡月河信步而行。

坦平的沿河大街上，行人如织，车水马龙，各种车辆的汽笛声此起彼伏，不绝于耳。小公共，大公共，长途客车，旅游大巴，形成一条条流动的彩链。而与此同时，大街上还涌动着一条条彩色的人的河流，无数不同肤色，不同语言，来自不同地区的中外旅人，为了健康和长寿汇集在这里，我认得出本地长寿者健硕的身影，认得出端坐在自家门前的百岁老人，认得出身着红色娘子军军服的老兵，正在享受着人们崇敬的目光，也认得出那些来自北方的候鸟。这条街上，星罗棋布着医院，学校，商场，婚纱影楼，健身中心，以及一家挨着一家的餐馆，咖啡馆，大排档，还有它们吸引眼球的店名和广告牌，什么北京满汉全席，天津狗不理，上海阿拉菜，俄罗斯水手屋，塞纳河啤酒馆…他们还把菜园和果园摆在街头和广场，绿的菜，红的果，白花花的米足以叫你眼花缭乱，高声喝彩。

我在村子里游荡了大半天，然后便按照李媚提供的信息去拜访老杨，他是内蒙古的一位卡车司机，来坡月多年，是一位老资格的候鸟了。老杨以前是"三高"患者，来坡月后没打针没吃药，高血脂、高血压、高血糖都降下来了，颈椎不痛了，睡眠也香了。他在坡月一住就是四年，从未回去过，不走了，就在这里安家落户了！

我问老杨，这地方对癌症是否有效，老杨说基本无效，但也不会进一步发展和恶化，能活着就相当不错了，偷着乐吧！我认识几位癌症患者，一个个都知足常乐，也都不想走了，自己给自己取消了候鸟资格。

次日一大早李媚就跑来，说她先生明天从县城回来，打算在家住些日子，所以她想今天抽时间陪陪我，早晨带我去欣赏广场舞，晚上陪我参加交谊舞会。

她先带我去喝早茶，店主跟她很熟，说什么也不让她买单。喝完早茶我们直奔坡月中心广场，那地方四周绿树环绕，鲜花盛开，背靠青山，脚踩绿色的坡月河。实际上这是一场表演赛，来自坡月、各省、海外的十支参赛队伍竞相献艺，载歌载舞，水平不输古代的刘三姐，当代的杨丽萍。

看完广场舞，李媚打电话把我介绍给一个叫高大路的年轻人，此人是来自哈尔滨的候鸟，刚来坡月时也是住在李媚的好客旅社里。

"我是戏剧男高音。"见面第一句话高大路便这样说，他知道物以稀为贵，在中国戏剧男高音确实属于稀缺物种。

高大路来自哈尔滨，是一位抑郁症患者，几年前仅以文化课一分之差落榜音乐学院，从此开始抑郁，不能自拔，后来他成为一名中学音乐教师，去年辞去工作来坡月康复，准备参加央视的星光大道，还扬言若是前几年便有如此创意，就没有阿宝和朱亚文什么事了。

坡月有个国际候鸟协会，目前已发展到上千人的规模，其成员为中国大陆同胞及海外华人，还有几位是热衷于养老事业的国际友人，协会领导发现高大路年轻，热心，人缘极好，又有组织能力，就想请他来当个副会长，专门负责文艺方面的工作。高大路婉言谢绝，直言他的目标是安心康复，然后直奔星光大道，放手一搏，实现梦想，领导无语，此事作罢。

高大路请我共进午餐，酒逢知己千杯少，期待我十月份北方天气转寒时来坡月落户养老，届时我们志同道合，把酒放歌，好不快活，我应了他，连碰三杯。酒足饭饱，大路带我去听由他策划的一场音乐会，演出在文化馆举行，灯光、音响、舞美设计颇具专业水准，弄得有模有样，声乐、器乐也有相当层次，候鸟们来自全国各行各业，藏龙卧虎，人才济济。音乐会由四声部的合唱曲目《我爱坡月好地方》拉开序幕，唱词优美，旋律动听。女高音独唱不错，有个男低还行，钢琴独奏是个红领巾，颇有童年郎朗的风采，小提琴独奏技巧娴熟，有如坡月河水碧波荡漾，汩汩流淌。

音乐会后是交谊舞会，这时李媚出现在我的身旁，说："不想请我跳支舞吗？"

"不怕我踩疼你的三寸金莲吗？"

"不怕。"她直视着我的眼睛，轻声说，拥着我走进舞池。

舞会结束后，大路找我辞行："就此别过，十月金秋我们再聚！"

"来日方长，后会有期！"我们握手作别。

走回旅社的路上，李媚问道："你哪天走？"

"后天，后天走。"

可是我走不成了，派出所的两位警官找到我，说我涉嫌第三者插足，破坏他人家庭，要求对我进行调查。

"能告诉我举报者是谁吗？"我问。

"李媚的先生。"警官说。

她

　　我抵达滨海小城时天已经亮了，这里刚刚飘下一场如丝的细雨，一团团薄雾轻轻飘荡，笼罩着整个小城，拥抱着满街的法国梧桐，营造出一种朦朦胧胧的氛围和诗的意境，这使我想起那首久违的苏联名曲：在遥远的地方，那里云雾在荡漾，微风轻轻吹来，飘起一片麦浪…

　　我的旅伴，一位在火车上结识的大学女生告诉我，地理学家如此这般地描绘这座滨海小城，说她地处山东半岛东部，为中国南方的最北端，北方的最南端，风光绮丽，四季如春，像一个安安静静的少女无声地躺在大海波涛的絮语中。可惜地是我只能在这里停留一天，办完事情还要匆匆南下，不能深入领略它的宁静与安详。

　　我的这位旅伴身材修长，面容秀丽，米色的短袖衫，白色的运动鞋，合体的牛仔裤，使她看上去具有一种淡雅的美。她就读于本市的一所高校，主修民俗与民间文化专业，这次是到著名的中国风筝之都考察，赶回学校参加毕业论文答辩。一路之上她没少关照我，打水，调换座位，安放行李…我理解，这一定是出于对我满头白发的敬重。由于我的职业是一名舞台美术设计师，这就使我们有了共同的话题，从上车到下车聊了一路。她说到自己是即将卸任的学生会主席，大学生志愿者协会会长，帮助了和正在帮助学习和生活上有困难的同学，从而使她体察到付出比索取更幸福，更快乐，更充实，更温暖。是的，望着这位月光般温暖的忘年之交，顿感心中装着别人的人才是最美丽的时代青年！

一路之上，她不断上网搜寻我需要的信息，查明文化局在市府大楼，美术家协会在文联大院，以及它们的详细地址，电话号码，乘车路线，还有次日南行的时间与车次。她还查到几家高档和中档酒店，我却告诉她不住酒店，这次出行囊中羞涩，只好精打细算，厉行节约，最好能找到青年宾馆，便宜，干净，服务也不差。她又迅速查了起来，最后锁定了一家，很偏远，在城市的另一端。

旅伴帮我拖着行李，打算送我入住青年宾馆，我谢绝了她的好意，劝她赶紧回校准备毕业论文答辩。她执意不肯，说你人生地不熟，怎么好让你一个人到处乱闯？就这样，一老一少拖着行李，背着行囊，从西到东，穿越大半个城市，成功入住了穷人的乐园青年宾馆。

我站在宾馆门前，目送她回到远在城市另一端的学校，公交车站在马路斜对面，我凝望着这位忘年知己青春的身影，穿过马路，缓缓前行。蓦然间，她停下脚步，回眸一笑，向着我频频挥手，然后才快步向车站走去。

次日清晨她发来短信，说她又上网查了一番，方知文化局已搬出市府大楼，搬进了老公安局旧址。还说下午有雨，出门时别忘了带伞。

"再见老师，由于今天参加毕业考试和论文答辩，很抱歉不能为你送行！"她写道，"老师，我们就此别过，请多保重！"

多年过去了，往事如烟，记忆永存…

今天早晨，电话铃声响了，一个快乐的声音回响在耳畔："老师你好，我现在首都机场，几小时后转机去黑龙江的北极村采访一位风筝传人，我这就去看望你。不，你不要来接我，我在飞机上认识了一位北京女孩，她也是个志愿者，对你们那片很熟，她会把我送去的。好了，老师，等我！"

一个小时后，空旷的走廊上响起一阵高跟鞋敲击地面的嘎嘎声——她来了。

光明行

——蒙特利尔中国新年慈善音乐会

第一乐章　黑色童年

我轻轻地按动了播放键，书房里顿时回荡起仙乐般的钢琴声，如诉如泣，梳人灵魂，激情澎湃，感人至深，时而像珍珠洒落玉盘，时而如春雨扫落枝头的梨花，它是梦想和希望的礼赞，是光明与太阳的呼唤和颂歌。这首乐曲，就是音乐大师李斯特的钢琴经典《爱之梦》，演奏它的是我国青年盲人钢琴家刘浩。

一首首刘浩录制的钢琴曲，一篇篇报道刘浩感人事迹的华美文章，带给我视觉与听觉无尽的享受，这要感谢我的音乐发烧友黄显淑女士，黄女士是加拿大蒙特利尔中华文化艺术基金会主席、蒙特利尔老港扶轮社轮值会长。黄主席还向我透露，由中华文化艺术基金会和老港扶轮社主办的蒙特利尔中国新年慈善音乐会--青年盲人钢琴家刘浩独奏音乐会即将于 2023 年 1 月 23 日晚上 7：30 网上直播，拉开帷幕，金曲连连，敬请期待。

音乐的潮水冲开思想的闸门，凝望着青年钢琴家神采飞扬的激情演奏，思索着这位苦难少年的传奇人生，升华着我们的思想和情操。是啊，刘浩的童年是黑色的，然而他有勇气战胜黑暗，追求光明，谱写了一曲光明行的壮丽颂歌，实现了一位盲童的音乐梦想。

你看，一位出生于内蒙古赤峰市的盲童，凭着对光明的热切期盼，怀揣梦想，奋发图强，不仅多次荣获国际国内钢琴比赛大奖，先后 5 次与郎朗同台，小小年纪便在北京举办了首场钢琴独奏音乐会，不仅荣获了鼓励在灾难中奋进的杰出人士的塔拉金像奖，登上美国纽约卡内基音乐厅、新泽西州立剧院、维也纳市政厅等国际舞台，还被美国三所著名音乐学府曼哈顿音乐学院、皮博迪音乐学院、克利夫兰音乐学院同时录取。

你听，他曾与钢琴大师郎朗在央视"我要上春晚"节目中合奏《彩云追月》，与维也纳海顿交响乐团合作演奏莫扎特协奏曲，与浙江交响乐团、美国亚文交响乐团合作演出钢琴协奏曲《黄河》第四乐章，特别是 2018 年的母亲节，刘浩在新泽西州举办独奏音乐会，为妈妈康桂芹和全场观众边弹边唱《你是我的眼》，令全场的妈妈们深受感动，也使妈妈康桂芹泪流满面，泣不成声。

　　你想，刘浩并非出身于音乐世家或高知家庭，作为一名普通工人家庭的孩子，他缺少雄厚的经济实力做后盾，没有信息来源和人脉渠道，有的只是对光明的渴盼，对黑暗的拒绝，誓向命运抗争，不向厄运低头的硬骨头精神，正应了那句话：星星和月亮在一起，白云和蓝天在一起，鲜花和草原在一起，光明和硬汉子在一起。

　　往事不堪回首…刘浩出生在内蒙古赤峰市的普通工人家庭，因早产吸氧过量而双目失明，妈妈康桂芹便抱着他来到北京求医，期盼首都医术高明的大夫能还儿子一双明亮的眼睛，但一次又一次，希望变成失望，她哭得撕心裂肺，她给医生下跪求助，但统统无济于事。命运，就是这样残酷无情！刘浩 3 岁那年，康妈妈为儿子买来一个廉价的玩具电子琴，不曾料到，小小刘浩居然用它弹出了一首广播里听到的歌，康妈妈大吃一惊，3 岁，盲童，看不见乐谱，也没有音乐的家庭氛围和传承，这分明就是音乐天才嘛！于是，康妈妈不顾家人的强烈反对，不顾经济的窘迫和日子的艰辛，到处为儿子拜师学琴，美丽的梦想如同肥皂泡沫般一次次地破灭了，但值得庆幸地是最后终于遇到了伯乐，赤峰市雅马哈电子琴学校的刘永学校长收下了这个盲童，而且分文不取。一年过去了，在北京的一次电子琴比赛中，6 岁的盲童刘浩夺得了金奖。为了使弟子更上层楼，刘校长建议他去北京发展。于是，康妈妈又一次不顾家人的反对，怀揣区区 300 元钱，又一次踏上进京列车，踏上了人生的希望之旅。当然，困难和挫折一定会有的，但牛奶和面包也会有的，为了孩子光明的前程，睡桥洞，住火车站算得了什么？风餐露宿，忍饥挨饿又算得了什么？她决心闯一闯，拼一拼，搏一搏，她欣赏这样一句名言：人生能有几回搏！

康妈妈和盲孩在北京三次搬家的故事令很多人津津乐道，其中一间房子是个用石棉瓦搭建起来的小平房，不到十平方米的斗室只能摆下一张单人床，做饭、吃饭、学习、睡觉全都在床上，利用率可真够高！另一间屋顶漏雨透风，常常是外面下大雨，里面下小雨，康妈妈不得不高举脸盆接雨。这样的小破房不会有暖气，刘浩的手被冻坏了，十指连心，弹起琴来扎心的疼痛，每当这时康妈妈便将儿子的手捂在自己的双手中，母子连心呀，康妈妈鼻子一酸，两行热泪缓缓流淌下来，她的心尖在滴血，在流泪！

第二乐章　爱心交响曲

刘浩第一次听到钢琴的声音是在 6 岁的时候，演奏钢琴曲的人名字叫郎朗，把他引入钢琴世界的人也是郎朗，刘浩问妈妈郎朗是谁，妈妈笑着说，他是个了不起的钢琴大师，全中国的人都认识他，全世界的人都知道他，从音乐人到普罗大众。那是 2007 年，郎朗在南京举办百名琴童同台演奏活动，6 岁的刘浩有幸被选中，与郎朗合奏舒伯特的《军队进行曲》。经过一个多月的勤学苦练，刘浩终于攻破难关，完美地拿下了这首曲子，完成了与朗朗的合奏。当郎朗得知这个盲孩子学习钢琴的琴龄只有一年时，便逗趣地鼓励他说，你才 6 岁，就弹这么好了，再学几年，你就比我强了。2017 年 8 月，刘浩又在中国国家大剧院朗朗的大师课上接受郎朗面对面的指导。他还与郎朗共同接受过著名电视节目《鲁豫有约》的专访，在 2018 年 1 月央视特别节目《我要上春晚》中与郎朗合奏《彩云追月》…郎朗，刘浩生命中的贵人，他以艺术家的良知与爱心，温暖着这位盲人钢琴家。

列入爱心谱的是一长串闪光的名字：刘永学，王海波，张志伟，张晋，王遒，李惠利，盛原，茱莉亚音乐学院钢琴教授罗文萨，皮博迪音乐学院钢琴系主任亚历山大·史塔克曼等。

刘永学是赤峰市雅马哈电子琴学校的校长，小小刘浩难免有时调皮，刘校长罚他的方法真是别出心裁——3 天不准来校练琴，这个刘氏教育法还真灵，康妈妈立马照搬使用，成为行之有效的管理手段。中央音乐学院钢琴系教授盛原，免费教刘浩学琴已有 7 个年头，还自掏腰包买了一台全新的钢琴送给刘浩，他因材施教，讲授有方，采用启发式教学法，运用联想和想象的金钥匙去开启不可知的情感世界。有个曲目叫《夕阳箫鼓》，他启发刘浩想象，夕阳西下，晚霞似火，一位青年漫步湖畔，低吟浅唱，箫鼓声声，颇具画面感的场景使刘浩加深了对曲目的感性认知，收到良好的表达效果。

中央音乐学院钢琴系教授盛原免费教刘浩学琴 7 年刘浩的成长深得全社会爱心人士的助力，北京苹果慈善基金会、周立波胡洁公益基金、漫步者音乐家基金会、美国西乐基金会、纽约黄鹤会等机构都向这位盲人钢琴家伸出援手，还有众多媒体邀请母子俩参加公益节目，有琴行免费送来钢琴，有音乐学院老师愿意教授刘浩，也有慈善组织资助母子俩在京的房租和其它费用，还有一位面馆的老板娘，提出免费为母子俩提供食物…如果说今日刘浩在登攀艺术的峰顶时已经达到某种高度，全社会爱心人士的合力托举肯定是因素之一。

第三乐章　光明行

刘浩是个传奇。这位 21 岁的盲人青年，用了整整 15 年的时间，通过钢琴这座金桥，告别了黑暗，拥抱着光明，彻底改写了自己的人生。他成功了，作为一名钢琴家，曾在中国中央电视台及多家省级卫视节目中演奏和接受采访，5 次与钢琴大师郎朗合作演奏和录制访谈节目，刘浩学琴的故事已拍成两部励志电影，其中一部由刘浩本人出演，"自己演自己"。他曾举行过多场独奏音乐会，多次荣获国际国内钢琴比赛大奖。

现在，21 岁的刘浩又出发了，他要踏过千山万水去美国留学，为了梦想，为了开启新的人生之旅。他日夜兼程，刻苦学习英语和文化课程，通过了 GED 考试，雅思考到了 6 分。

2017 年 11 月，刘浩在福建泉州音乐厅举办一场公益音乐会，筹得赞助 5 万多元，为泉州市特教学校添置了一台三角钢琴。在中国，视障人士有 1700 多万，刘浩立志学成归国后为盲孩子们免费开办一所盲人音乐学校，让更多的盲童冲破社会普遍认为按摩师和调音师是盲人职业代名词的偏见，从而使钢琴家也能成为盲童的职业选项，使学习音乐也可以成为盲人的一条出路，使他们挺起胸，昂起头，信心百倍地大步走进社会，走进生活，书写自己新的命运，新的人生！

【说明】本文的写作参考了北京日报纪实文学版，国家大剧院杂志褚慧超、楚若冰的资料，特此说明，并致谢意！

我们和殷秀梅同声歌唱

红灯区的脱衣舞厅

教堂里的合唱音乐会

朋友来电话说，圣诞节期间圣母教堂有十场免费的合唱音乐会，问我想不想听。在教堂里举办合唱音乐会，还是头一回听说，想去开开眼界，就跟朋友跑去听了一场。

庄严肃穆的圣母教堂，巍峨壮丽，金碧辉煌。在金色大厅，在摇曳的烛光辉映下，那些精美绝伦的浮雕和壁画，散发着迷人的艺术气息。从大厅到宽敞的祭台共有三级台阶，刚好能站得下四排合唱演员，而十人编制的微型乐队，则被安排在台阶下的平地上。加拿大人绝顶聪明，居然因地制宜，别出心裁，在富丽堂皇的教堂里，营造出如此极具浪漫气息的演出环境，值得借鉴和学习。你想，偌大的满地可，一年中有多少室内室外的演出呀，再加上全市几十座教堂隆重推出的音乐会，能满足多少市民和旅游者的音乐需求啊！由此我联想到中国音乐的发展，众所周知，中国的文化建设近年来已取得长足的发展，然而中国缺少的不是演出场地，因为中国有那么多功能齐备，设施一流，"高端大气上档次"的顶级剧院，还有那么多被闲置的文化宫、文化馆、群众艺术馆的演出场所。中国缺少的是对广大民众音乐需求的关注，以及对音乐特别是严肃音乐的推广和普及。

观众陆续进场了，他们当中有鹤发红颜的老夫老妻，有青春靓丽的红男绿女，他们讲话轻声细语，脚步像风一样轻，文质彬彬，温文尔雅。演出进行中，他们或凝神倾听，或陶醉不已，而当一曲终了，则会报以热烈的有时是经久不息的掌声。"国民的文化素养决定一个国家的文化水准。"我觉得这话说得很靠谱。

去年回国探亲，我在北京听了一场古典作品音乐会。不可否认，国内听众总体素质的日益提高已是不争的事实，但也确有少数听众表现不尽人意。记得那天坐在我前排的一对情侣，整场演出自始至终都在窃窃私语，倾吐心曲，完全忽略和冷落了莫扎特、舒伯特和李斯特。

参加这场音乐会演出的是一支群众合唱团，声乐技巧、艺术修养以及对作品的理解与表现堪称一流，曲目多为世界名曲，其中莫尔作词格吕伯作曲的《平安夜》尤其受到听众欢迎。这是一首音乐经典，深入人心，耳熟能详，北海道的渔家女，土库曼的牧羊娃，魁北克的小贝碧，法兰西的老阿妈…都在唱着这同一首歌，它升华着我们的灵魂，温暖着我们的心。你听，歌声响起来了："平安夜，圣善夜，万暗中，光华射，照着圣母也照着圣婴，多少慈祥也多少天真，静享天赐安眠……"

灯光，星光，月光，节日的夜空钟声悠扬。当我走出教会，徜徉在满城街头，一朵思想的火花在我心中升腾：教堂里有爱，歌声里有美，教堂是承载爱与美的地方。

在古巴唱歌

今年二月我到古巴旅游，住在一家三星级酒店里。每天晚上，酒店的剧场内都有文艺演出，有时主持人还即兴发挥，请来自五湖四海的旅游者登台献艺，有一次她问我，能否为朋友们演唱一曲中国民歌。

我唱歌不是很在行，在国内时我曾任专业歌舞剧团的专职编剧，创作之余喜欢混进合唱团唱个低音声部什么的，但声乐指导说我的声音实在太差，属于"魔鬼男低音"、"恐怖男低音"、"莎士比亚男低音"那种，还说听我唱歌，全市的儿童都吓得晚上睡不着觉。尽管如此，我还是坚持听她的声乐课，跟哥儿们探讨演唱技巧，经过多年的摸爬滚打，耳濡目染，多多少少掌握了一些发声方法。再说，这回又不是正式演出，纯属自娱自乐，情感交流，世界人民大联欢那种。于是，我便勇敢地走上了舞台。

我唱了一首江苏民歌《茉莉花》，按说这是一首女声独唱歌曲，我唱不是很合适，但是感谢音乐大师普契尼，把它作为主旋律写进经典歌剧《图兰朵》中，也感谢近年来一批又一批歌唱家走出国门，向各国人民演绎这首音乐经典，从而使它走进世界人民的心间。果然，第一句唱词出来，台下便有听众跟着哼唱起来。在热烈的掌声中，我又加唱了一首加拿大民歌《红河谷》，这回不但"掌声"而且"雷动"。最后一首我选了古巴民歌《鸽子》，结果是全场观众边唱边喊边击掌边跺脚，并随着歌曲的节拍手舞足蹈起来。

主持人对我说，赶紧再加唱一首，不然你下不了台。我想了想，决定唱一首俄罗斯民歌《三套车》。

《三套车》是俄罗斯经典歌曲，家喻户晓，耳熟能详，五十年代译介到我国，深受大众欢迎。全曲只有三小段歌词，每段四句，短小精炼，通俗易懂，三段歌词共享一个旋律，属于典型的分节歌曲。首段歌词是这样的："冰雪遮盖着伏尔加河，冰河上跑着三套车，有人在唱着忧郁的歌，唱歌的是那赶车的人。"

我是这样理解的，演唱该段应十分注意控制音量、节奏和情绪，不可过早地形成高潮，也不能激情澎湃，因为首段的主要作用是叙事和交待，即首先是交待环境，为听众创造一个千里冰封万里雪飘的伏尔加河的视象，其次是交待人物，即赶车的人，最后是交待事件，即赶车的人在唱着忧郁的歌从而形成悬念。

多年来有一个疑惑始终困扰着我。我怀疑"三套车"歌名的译法是否准确，因为在"冰雪遮盖的伏尔加河"上，是根本无法"跑着三套车"的。实际上，在冰天雪地的俄罗斯奔跑着的不应是"三套车"或"四套车"，而应是由三匹马、四匹马或一群狗拉着的"冰爬犁"，也就是可以搭乘十几个人的大型雪撬，不过目前这种译法也不是没有理由，因为"三套车"较之"三套爬犁"更便于张口和演唱，更易于为我国听众特别是我国南方地区的听众理解和接受。

第二段歌词是："小伙子你为什么忧愁，为什么低着你的头，是谁让你这样伤心，问他的是那乘车的人。"在这里又出现了一个新的人物——乘车的人，通过他的问话使悬念得到进一步的强化和发展。我在演唱该段时，突然把音量降到最小，速度控制得很慢，语气关切而具有亲和力。这样处理的目的，一是符合规定情景与人物关系，二是与首段形成差异，三是与尾段构成鲜明的对比和强烈的反差，四是为尾段情感的高潮进行充分的铺垫。多少年来，我无数次倾听国内外歌唱家诠释这首经典老歌，我本人也偶尔在自娱自乐的大众舞台上演唱过它。我想说的是——我这样说可能不够谦虚，作为一个名不见经传的业余歌手，我对《三套车》思想内涵的理解与深入开掘，对第二段落的艺术处理与表现手法的运用，应该说是独特的，甚至是绝无仅有的。

尾段是全曲情感的高潮，作品的华彩乐章。歌词是："你看吧我这匹可怜的老马，它跟我走遍天涯。可恨那财主要把它买了去，今后的苦难在等待着它！"在这里出现了作品的"主要人物"——一匹可怜的老马，它的命运是苦难的，而今后的命运还必将更加苦难，因而使得赶车的人一曲悲歌，哀叹老马明日的不幸，从而结束了悬念，完成了主题。如果说中国著名诗人臧克家先生的《老马》诗，是"今天不知明天的命，有泪只往肚里咽"的中国农民形象的写照的话，那么《三套车》中的老马又何尝不是俄罗斯农民牛马般生活的写实呢?基于这种对作品的理解和开掘，我在演唱尾段时，加大了音量，强化了节奏，使每字每句每个音符都澎湃着激情，从而把作品内涵清晰地传达给听众。该段第三句歌词"可恨那财主要把它买了去"，我把"去"字弱音处理并无限延长，从而为全曲最后一句"今后的苦难在等待着它"做好铺垫和准备。全世界的歌唱家在演唱这个著名的尾句时，都不约而同的离开了原曲谱，把"等待着它"四字提高了八度，真是英雄所见略同!而我呢，在此基础之上又提前了三个字，即把"苦难在等待着它"共七字提高了八度，莫看区区三个字两个节拍的变化，却开阔了音域，平添了悲壮，使其号角般嘹亮，电花般闪光！

　　顺便提一下，不久前有媒体称，在俄罗斯版的《三套车》中，"主要人物"不是那匹"可怜的老马"，而是赶车人的未婚妻，一位美丽的俄国姑娘，她被那"可恨的财主买了去"，"今后的苦难在等待着她"。是笔误还是另有考虑我们不得而知，但不管是哪种情形，都属于严重的不靠谱。也许可以考虑重新译配，恢复俄罗斯版本的本来面目，但半个世纪以来，"可怜的老马"的艺术形象早已在中国深入人心，不如将错就错，如此这般地传唱下去吧。

　　演出结束后，主持人找到我，说她很享受今晚我们的合作，期待今后我能有机会再来古巴，与来自天涯海角的朋友们欢聚一堂，在同一片蓝天下，分享世界各地优美的民歌。

在蒙城听《海港之夜》

　　我从北京跑到蒙城，说话已经两年了，其间观摩过几台由当地华人艺术家们演出的歌舞，而每次又总能听到由一个叫做"乐之声合唱团"演唱的苏联歌曲《海港之夜》，倍感亲切。这首歌我很熟悉，年轻时无数次听中外歌唱家演唱它，特别是当年苏军亚历山大洛夫红旗歌舞团访华演出时的演绎，更是过耳不忘。如今，在北美的剧院里，听中国歌唱家演唱这首苏联的经典老歌，更是别有一番滋味在心头，于是写就这篇小文，也算是听后感吧。

　　先说说作品。《海港之夜》是苏联的音乐经典，五十年代译介到中国，深受我国听众特别是青年一代的欢迎。它的作者均为超重量级人物：丘尔金作词，索洛维约夫—谢多伊作曲，王毓麟译配。这是一首抒情歌曲，也是多声部的男声合唱曲目，旋律优美而深沉，具有浓郁的俄罗斯风格。歌词简短精炼，通俗易懂，琅琅上口，便于谱曲、记忆、演唱和流传。全曲由三小段歌词和一个副歌构成，三段歌词通常被处理成男声领唱，而副歌则为多声部合唱。词作结构严谨，内容详实，有叙述："唱吧朋友们，明天要航行，航行在那夜雾中，快乐地歌唱吧，亲爱的老船长，让我们一起来歌唱。"有写景："静静的海港上，水波在荡漾，夜雾弥漫着海洋，浪花敲击着，故乡的海岸上，远处的手风琴声悠扬。"有人物：老船长，年轻的海员们，还有披着蓝头巾的姑娘。有抒情："晚风轻轻吹，月色泛银光，我们快乐纵情歌唱，为朋友歌唱，为工作歌唱，为幸福的生活歌唱。"而意境深远、旋律深沉、春风般梳人灵魂的副歌则把情感的波澜推向最高潮："再见吧可爱的城市，明天将航行在海上，明天黎明时，亲人的蓝头巾，将在船尾飘扬。"

再说说演出。乐之声合唱团推出十几名不同声部的男演员演绎这首苏联名曲，他们身着黑衣黑裤黑皮鞋站成一列，横贯舞台，那气势莫说在海外，就是在国内也称得上阵容强大。我认为他们都是"三好演员"：形象好、声音好、音乐素养好。因为合唱作为一个艺术门类，有其自身的规律与特征，而不断地把握这些规律和特征，便成为每一个合唱队员永恒的课题。人们常说，你可能是一个很好的独唱演员，但不一定是一个合格的合唱队员。因为合唱队员除了要求声乐演员应具备的音乐修养、扎实的基本功、对作品的理解能力和表现能力之外，更强调声音的统一、声部的和谐、配合的完美。

独唱演员要求特点与个性，合唱队员要求共性与一致性，王宏伟、王莹、戴玉强、杨洪基各有其独特的演唱风格和鲜明的艺术特征，但把他们组合在一起唱合唱，则非乱套不可。请您听听乐之声合唱团的《海港之夜》，就能体会到什么是合唱艺术，什么叫合唱队员，十几位歌唱家，四个声部，领唱与合唱的表演形式，听上去却是如此和谐、统一、吐字清晰、层次分明，真正达到了水乳交融天衣无缝的境地，是艺术的欣赏，也是精神的享受。

最后说说几点建议。目前看来，乐之声的这支保留曲目，听觉上当属完美，视觉上略嫌呆板。我的建议，一是能否重新设计演出服装，将一袭黑衣改为带披肩的白色水手服、有飘带的海员帽、宽裤角的浪漫长裤和传统的俄罗斯大头皮鞋。二是能否重新调度舞台造型，把十几个合唱队员错落有致地分布在不同的表演区域，三人一堆，两人一组，或坐或立，或手扶栏杆，以求构图优美而和谐，随意而自然。三是能否在空荡荡的舞台上（如果我们把它想象成轮船的甲板），增加几个表演的支点，如桅杆、船舷和锚链的转盘，既可使舞台有了中心点，又极大地方便了演员的表演。四是当代舞台美术突飞猛进日新月异，能否在天幕上做些文章，如静静的海港，荡漾的水波，夜雾迷漫的海洋，亲人的蓝头巾，灯光星光月光…在舞台技术含金量越来越高的今天，实现这一创意只需举手之劳。五是能否有效调动音响的艺术手段，如海浪的低语，海鸥的轻歌，轮船汽笛悦耳的鸣响…顺便提一下，近年来不少团体在诠释这首苏联老歌时，把副歌中"亲人的蓝头巾"改唱为"亲人的蓝手帕"，我们知道五十年代苏联妇女喜欢戴头巾，当然改为手帕也不是没有生活依据，但总有不尊重原作之嫌。

乐之声合唱团的《海港之夜》，OK！

我们和殷秀梅同声歌唱

当代著名女高音歌唱家殷秀梅女士，领衔 2015"五洲同春"大型海外春节联欢晚会，于 2 月 27 日、28 日即大年初九、初十连续两天在蒙特利尔艺术广场大剧院为蒙城观众倾情献唱，为听众带来了《在希望的田野上》等四首脍炙人口的经典歌曲。由于《在》曲是一首女声领唱、混声合唱曲目，所以需要一支蒙城本地的合唱团与殷秀梅老师同声演绎。经"五洲同春"海外春晚组委会研究挑选，这一艰巨的演出任务便光荣地落在了蒙特利尔华商会艺术团的肩上。

华商会艺术团是一支年轻的群众性文艺团体，从正式建团到接受演出任务仅一周的时间，团员人数就已达 80 之众。但"五洲同春"导演组需要的是一支 40 人的合唱队，这就意味着全团将有一半的团友无缘与殷秀梅同台演出。最终经过严格的考核，由团长和声乐老师共同敲定了上场名单，入选的团友决心刻苦排练为团增光。

蒙特利尔华商会主席、艺术团董事长张仕根先生鼓励大家以良好的精神风貌投入排练，在有限的时间内出色完成任务，以歌声与微笑抒发海外游子对祖国母亲的祝福与思念。团长印海源、总监吕焕泰因要事回国，临行前对演出事宜周密布置精心安排，为演出的成功奠定了坚实的基础。艺术团还聘请了蒙城演艺界知名人士出任艺术顾问，他们当中有安平、陈婧、江云祥、景琏琏、李国英、许倩、黄显淑等。众人拾柴，群策群力，共同助艺术之火越烧越旺。

在两位副团长李建国、李强的统一指挥下，紧张有序的排练开始了。合唱指挥陆荣方，是一位艺术造诣深厚的音乐家，他遵循合唱自身的艺术规律与特征，初步打造出一支训练有素的合唱队伍。声乐指导老师董力溶，是一位年纪轻轻的女高音歌唱演员，青春靓丽，气质优雅。她很专业，擅于将高深的音乐理论与演出实践相结合，深入浅出，通俗易懂，生动活泼。她很敬业，除去繁重的演出和教学工作，还要挤出时间进修外语。正是由于两位老师的不辞辛劳，才使排练工作得以顺利进行。

最令笔者感动的是艺术团的全体兄弟姐妹们。二月的蒙城，天寒地冻，滴水成冰，雪深道滑路难行。团友们在男高、男低、女高、女中四个声部长周祖浩、张帆、马宁、李荐平的带领下，顶风冒雪，深一脚浅一脚地奔走在茫茫风雪之中。为了节省场租，还要频频变更排练场地，"打一枪换一个地方"。年轻的团友们白天上班晚上排练，有的还要请假或倒班，晚餐常常在公交车上解决；年长的团友们则把接送小孙子的任务推给了自己的另一半。为了使自己能以最靓丽的形象出现在蒙城观众和"五洲同春"艺术家们面前，艺术团的女演员们对服装设计进行了反复的民主讨论，最终统一了认识，确定了最佳方案。但是 40 件演出服装不是个小数目，这可把姑娘们难住了！就在这时，团友周志红慷慨解囊，得到了她们公司的赞助，解决了燃眉之急。手里有了银子，姑娘们立马开始行动，但是要想买到款式、型号、颜色、质地完全相同的同一厂家出品的 40 件服装谈何容易，于是姑娘们分头四面出击、八方寻求，终于在蒙城的几家服装店里把衣服买齐。请读者诸君展开想象的翅膀吧，在冰天雪地之中，十几位姑娘披着纷扬的雪花四处奔波，既令人感动又叫人心痛！她们是风雪之中冰清玉洁的雪莲，她们是华美艳丽的冬天的花朵，都说加拿大的美女在蒙城，我说蒙城的美女尽在华商会艺术团！请读者诸君记住美眉们的芳名吧，她们是周志红、马宁、孟玲、碧霞、汪捷、余飞、蔡敏芳、庞淑敏、余孝英、蔡美芳、丁海琴⋯

首演终于来临，蒙城之夜星光灿烂，偌大的艺术广场大剧院灯火辉煌座无虚席。省市政要、总领馆外交官员、华社侨领、华侨华人各界人士济济一堂，共同欣赏这一华美的文化盛宴。殷秀梅闪亮登场了，多么熟悉的声音和形象，多么亲切的笑容和台风，一举手一投足都会唤起我们对她美好的记忆。她如同我们久违的老朋友，那样朴实亲切，落落大方。她首先演唱了成名作《我爱你，塞北的雪》和《长江之歌》，音色明亮，音质深厚，音域宽广，具有极强的艺术感染力。

轮到我们上场了，全体合唱队员鱼贯而出，登台亮相。我们身着节日盛装，女士们美丽端庄，男士们潇洒自如，将海外华人的风采活脱脱展现在观众面前。《在希望的田野上》的前奏响起来了，那田园风的哼唱是由我们合唱队独自完成的。这时，只见殷秀梅把话筒放在身后，朝向我们的队列，那意思仿佛在说："唱的好，朋友们，现在完全看你们的了！"当前奏结束后，她开始引吭高歌，而我们则与她巧妙地配合。我们歌唱美丽的家乡和希望的田野，歌唱美好的未来和金色的理想。在我们的视象中，仿佛出现了一幅幅秀美的画图：炊烟飘荡，小河流淌，牧人的笛声，雪白的群羊；一片冬麦，一片高粱，十里荷塘，十里果香…而当第二段唱完之后，只见殷秀梅轻轻转过身来，面带灿烂的笑容走到我们面前，向我们点头致意，这时我们脸上真是笑开了花，心中荡漾着极度的幸福与自豪。我们目不转睛地凝视着眼前的这位歌者，完全忘却了笼罩在她身上的各种光环：当代著名歌唱家、国家一级演员、全国人大代表、全国文联理事、中国音协理事……我们觉得她就是我们的知音和挚友，亲切自然、平易近人、朴实大方。第三段是我们合唱队的华彩乐章，我们放声高歌，尽情倾诉对祖国母亲的思念，表达对心中那片热土的衷心祝福，以及为她幸福为她增光的决心，而殷秀梅的哼唱则像百灵鸟的歌声婉转而清亮，飘荡在我们的主旋律之上。

掌声雷动，经久不息，演出取得了巨大的成功！殷秀梅与蒙城的观众挥手告别后与各级官员及华侨华人代表留影，又来到我们的队列前合影留念，这珍贵的瞬间将久远地定格在我们记忆的屏幕上，永远不会褪色。

演出结束后，我在后台找到了华商会主席张仕根先生，请他谈观后感。他凝神深思起来，神色庄重地说："我认为我们今天的演出可圈可点，近乎完美。今后的艺术之路还会更远、更长，我们现在必须要冷静地思考这样一个严峻的课题，那就是怎样把今后的路走得更加坚定，更加稳健，为中加文化交流做出应有的贡献。"

我的三位朗诵搭档

五年前一个飞雪的日子，我从北京来到蒙城，不久便加入了梦之声合唱团，成为男低音声部的一名歌唱演员。当时，团里正在赶排一首合唱曲目，按照传统演出的惯例，演唱前需要一男一女两名合唱队员，走出队列，以画龙点睛的朗诵词，概括出曲目的大致内容，并报出词作者、曲作者、领唱、指挥、钢琴伴奏等一长串名字。由于之前在一次聚会上我曾朗诵过一首小诗，所以男演员的光荣使命便历史性地落在我的肩上，而那位女演员，团长和指挥选来选去，最后选定了小薇。

小薇是个眉清目秀、婀娜多姿的窈窕淑女，性格耿直，口无遮拦，常常为了一句无心的话而得罪了别人，而她自己却全然不知。她兴趣广泛，喜欢唱歌、跳舞、朗诵、旗袍走秀，尤其热衷文学。小薇的父亲是位诗人，母亲是位舞者，环境的影响，加上执着与勤奋，几经磨练，终于成为《七天》周报的一位专栏作者，一位文学女青年，蒙城的文化小名人。我说她是小名人，一是她的名气大不过马云，二是饱含爱护青年作者的意思，三是在我眼中，她根本就是个孩子！

我们在一起谈音乐，谈朗诵，但谈得最多的是文学，写作的愉悦和苦恼，生活的开掘与升华，作者的良知和社会责任感。每每谈到《七天》，你会发现她对这张周报心存感恩，感谢报社领导和编辑老师，手把手扶持她走上文学之路，启迪她先学做人再学作文的人生理念。在《七天》十周年庆典晚会上，凤力、小薇和我倾情诵读了散文诗《十月献辞》，我看到小薇泪光闪烁，不能自已！啊，为什么你的眼里常含泪水，是因为你对这个团队爱得深沉！

忘记了小薇是因为回国探亲，还是因故请了事假，总之我的身旁不见了这位朗诵搭档，而就在这时，合唱团加入了一位女士，站在了我的身旁。

她叫小妍，是国内某市专业歌舞团的演员。她多才多艺，在文艺舞台上拳打脚踢，20 岁成为歌舞团的舞蹈演员，30 岁改行成为歌唱演员，40 岁进入乐队任大提琴手，50 岁开始演话剧，退休后又涉足影视，舞台生涯的艺术轨迹层次清晰段落分明。我们的话题是多方面的，但谈兴最高的是话剧台词和朗诵，谈朗诵的认识功能、社会功能和审美功能，谈朗诵的自身规律与艺术特征，谈舞台演出中的奇闻轶事。她告诉我消除紧张的各种方法，忘了台词时如何补救，教给我把朗诵词写在小卡片上，握在手中，忘词儿时偷看一眼，就算你没忘词儿，有了它心里也踏实，有一回还亲自制作了卡片送给我。我小时候口吃，至今许多字音咬不准，小妍为此没少费心，一遍遍地耐心纠正，应该说在梦之声合唱团那段日子里，小妍当为我的台词和朗诵老师。天下没有不散的宴席，如此称心的朗诵搭档，因回国定居而离开蒙城，正当团长和指挥着急上火时，一位大美女站在了合唱队列前，站在了我的身旁。

她叫小格，是一位美女作家，还兼任蒙城一家中文周报的文学副刊编辑，她人脉极广，人缘极佳，认识社区大大小小的华语诗人作家，并把他们团结在自己周围，从而成就了一个华人作家群。我曾为他主持的文学副刊写了一年的专栏，感受到了她作为文友的温暖和友谊，也亲历了她作为编者的严谨文风与一丝不苟。她的到来使我喜出望外，因为我又拥有了一位出色的责编，不过这回她编的不是我的散文习作，而是大众文艺舞台上的朗诵词。

小格在国内时曾是省级人民广播电台的播音部主任，不但领导一个新闻团队，自己也是一位了得的主持人，她的播音字正腔圆，声声悦耳，听来仿佛阵阵银铃在耳畔飘荡。那时她集采、编、播于一身，十八般武艺样样精通，逼得你不得不成为一个多面手。不同地是，以往的播音是在一个小小的播音间里，面对的是空空的四壁，与听众的距离十万八千里，而如今却要走出播音间，走上偌大的舞台，面对耀眼的舞台灯光和观众的阵阵喝彩及面对面的交流，值得庆幸地是小格完成了这一蜕变，从播音艺术的佼佼者变身为舞台的主人。

后来，我到了蒙特利尔华商会艺术团，在这里有两位年轻人成为我的朗诵搭档，一位是昔日的美女警官，今日的美丽舞者庞淑敏，另一位是 T 台上的倩影，多才多艺的美女袁晓静。在前年的龙舟赛文艺晚会上，曾与国内著名电视节目主持人吴金芳并肩朗诵，在《七天》十周年庆典晚会上，曾与我市金牌主持人凤力、文学女青年蒙特小微同台演出。

衷心地感谢你们，我的朗诵搭档们，生活因你们而绚丽多彩，朗诵艺术之花因你们而开放得更加灿烂！

蒙特利尔的中国新年音乐会

2018 年 1 月 10 日晚，由蒙特利尔中华文化艺术基金会 MCCAF 和中加文化发展协会 CCCDA 主办的 2018 第二届蒙特利尔中国新年音乐会——世界经典电影视听交响音乐会在蒙特利尔市中心艺术广场著名的 Maisonneuve 剧院如期举行，并取得了圆满成功！

这场穿越世界电影经典的视听盛宴是蒙特利尔文化艺术基金会在 2018 新年之际，本着弘扬中华文化、促进中加交流、搭建文化艺术平台、服务华人及社区的一贯宗旨，为蒙特利尔的华人华侨和本地观众献上的一台高水准音乐会。也是迄今为止莅临蒙特利尔规模最庞大、水平最高的国家级艺术团体的访问演出，精心挑选和编排的曲目荟萃了中外电影音乐精华，内容十分丰富多彩，音画交融的艺术形式新颖独特，创造了全方位立体化的美好艺术享受。

整场演出由远道而来的中国广播电影交响乐团一行 80 余位音乐家倾情奉献，享誉海内外的国家一级指挥家彭家鹏先生担纲所有节目的指挥。中国广播电影交响乐团是中国最早的国家级乐团，伴随着中国影视音乐艺术事业的发展，该团先后为近两千部电影、电视及纪录片、专题片录制音乐，先后到过 40 多个国家和地区进行访问演出，并多次与国外著名指挥家、作曲家、演奏家、舞蹈家合作演出交响音乐会、世界著名歌剧、芭蕾舞剧等中外经典作品。近年来更是不断创新，创作了多台深受观众喜爱的大屏幕视听电影音乐会、轻音乐会等多种形式的音乐会。同时，中国广播交响乐团也是为数不多的国家级节日交响乐团，他们的新年视听交响音乐会尤其受到国内外观众的喜爱。

音乐会经过半年多的精心筹备，得到了本地三级政府和中国驻蒙特利尔总领馆的高度重视和大力支持，也得到了蒙城华人华侨各界团体和个人的通力合作和帮助。尤其值得一提的是，蒙特利尔梦之声合唱团和蒙特利尔华夏艺术团百位团员，以及特邀参加演出的魁北克本土艺术家 Mario Simard 和加拿大著名大提琴演奏家 Jean-Francois Marquis 联袂加盟本届音乐会，共创演绎经典辉煌，也使本届音乐会成为中外艺术家精诚合作和中西文化碰撞融合的大聚会。整个剧场座无虚席，丰富雄浑的音响、流动的电影画面、中西艺术家的真诚交流，成功地把高雅的交响乐与直观的电影艺术完美地结合在一起，致敬经典，致敬青春，传承文化，传播艺术。饕餮的视听盛宴给刚刚经历了极寒天气的蒙城电影音乐发烧友们送来了无比温暖的新春问候和祝福，也为接下来蒙特利尔精彩纷呈的"欢乐春节"系列活动奏响了嘹亮的序曲！

晚上6点整，演出正式开始前，在剧场演出大厅外，举行了隆重的本届音乐会鸡尾酒招待会。活动主办方蒙特利尔中华文化艺术基金会 MCCAF 主席黄显淑和中加文化发展协会 CCCDA 会长高如东，本届音乐会名誉主席中国驻蒙特利尔总领馆总领事彭惊涛先生，本届音乐会筹委会主席王李芹美女士，中国广播艺术团总团副总刘学俊先生，国会议员 Alexandra Mendes，魁北克卫生与社会保障部部长 Dr. Gateon Barrette，蒙特利尔市负责文化遗产的执委 Christine Gosselin，蒙特利尔市议会议长 Cathy Wong，副议长 Sterling Downey，市议员 Luc Gagnon，南岸市议员 Michelle Hui 等政要；本次活动的名誉顾问，赞助商，协办单位——中加贸易理事会，特别合作伙伴上海同乡会，皇冠、钻石、黄金和白银合作伙伴，蒙特利尔当地华人媒体、侨领以及热爱音乐电影的各界朋友约150余人出席了酒会。酒会由蒙特利尔资深主持人凤力和年轻的小伙子孙梓越共同主持，王李芹美向所有嘉宾致欢迎辞，Alexandra 宣读了加拿大总理杜鲁多先生给音乐会发来的贺信，预祝音乐会能取得圆满成功并向蒙城华人华侨致以诚挚的新年问候！彭惊涛总领事发表讲话，他向为本届音乐会筹办的主办方，向不远万里从中国来到蒙特利尔即将奉献精彩表演的中国广播电影交响乐团表示衷心的感谢！他说作为"2018蒙特利尔欢乐春节系列活动"的启幕项目，本届音乐会备受瞩目和期待，这场光影与音乐完美融合的视听盛宴，将在中国农历戊戌新年到来之际，带领大家一起品味经典，共同奏响对新春的期盼！随后，中国广播艺术团总团副总刘学俊先生在酒会的致辞中说道，非常高兴在中国传统的新春佳节来临之际，能够用交响音乐为蒙特利尔的华人华侨送上来自祖国的深切问候和祝福！本次世界经典电影交响音乐会既有 50、60 年代的电影作品，也有年轻人喜爱的近期电影，还有西方的经典作品，同时还加上了现场感非常强的独唱和演奏节目，他衷心祝愿大家一起度过一个愉快的夜晚。魁省卫生与社会保障部长 Dr. Gateon Barrette，蒙特利尔市主管文化遗产的执委 Christine Gosellin，蒙特利尔市议会议长 Cathy Wong 以及赞助商代表 Air Canada 先后致辞，预祝音乐会取得圆满成功。最后，蒙特利尔文化艺术基金会主席黄显淑向所有来宾致答谢辞，她代表本次活动的主办方感谢大家对第二届中国新年音乐会的大力支持！

她希望通过中国广播电影交响乐团艺术家的精彩演出，能让更多的加拿大人了解中国文化，热爱中国文化。她说音乐没有国界，是音乐拉近了中国和加拿大的距离；是音乐传递着中加人民的友谊，是音乐把我们聚在了一起。7 点钟，国家一级演员二胡演奏家李扬和古筝演奏家傅晓雨表演了精彩的二胡古筝二重奏，从蒙城走向世界的华裔第二代新锐歌手九九演唱了电影"大喜临门"的主题曲"好想好想你"，酒会在九九极其富有穿透力的歌声中圆满结束。

晚上 7 点 30 分，新年音乐会开始，观众厅的灯光渐暗，中国广播电影交响乐团的近百位艺术家按照声部静静地依次走上开放式舞台，随着著名指挥家彭家鹏手中指挥棒的挥动，一曲久违了的《春节序曲》奏响了，这是中国著名作曲家李焕之的代表作品之一，作品生动地描绘了中国人民欢度春节的感人情景。与此同时，舞台的电影大屏幕上呈现出欢乐春节的唯美画面，绚丽多姿，美轮美奂，可谓声光影的交响，音与画的融合，为观众呈现一场听觉与视觉艺术的盛宴。

在《中国电影音乐主题集锦》里，交响乐团把聂耳、刘炽、雷振邦、王立平等音乐大师的电影音乐主题有机地组合在一起，让我们通过时光隧道回味一个个难忘的电影片断，欣赏大师们妙手天成的不朽旋律。在《冰山上的来客组曲》里，使我们再次聆听阿米尔和古兰丹姆忧郁的歌声。所有这些中国电影音乐，散发着浓浓的中国味，故乡情，以及萦绕在心间的乡音、乡恋和乡情，这些中国故事陪伴着几代人成长，成为我们抹不去的集体回忆，它们早已在我们的心中存盘，交响乐团的艺术家们将这些岁月的珍藏打捞起来，从而掀起我们心底的波澜，并得到唯美的艺术享受。

此外，交响乐团还为我们奉献了外国经典影片的电影音乐，包括《侏罗纪世界》、《勇敢的心》、《燃情岁月》、《加勒比海盗》、《1492 征服天堂》等，这些影片生动的画面吸引着年轻人的眼球，其电影音乐自然也得到青年一代的青睐。不仅如此，中央广播电影交响乐团的到访，还为蒙城华裔青年普及了交响乐这一高雅的艺术形式，使青年观众走进音乐厅，见识规模宏大的交响乐队，高超的作曲、配器和演奏技巧，身临其境地聆听精美绝伦的经典曲目，在音乐厅这一艺术圣殿里感受交响乐真实的现场感，从而全方位地提升年轻人的音乐素养和美学水准。

这次音乐会的亮点之一，是使我们蒙城观众有幸欣赏到著名指挥家彭家鹏迷人的舞台风采。彭家鹏作为著名指挥家、国家一级指挥，执棒中国广播民族乐团、中国歌剧舞剧院、澳门中乐团、中国东方交响乐团、东方中乐团，任艺术总监兼首席指挥，并兼任乌克兰国家交响乐团、奥地利莫扎特交响乐团、韩国釜山爱乐交响乐团永久客座指挥，连续 12 年在维也纳金色大厅指挥多个世界著名乐团，从而产生了广泛的影响。

纵观彭家鹏的指挥艺术，不难发现他台风潇洒，手势精准，指挥语言丰富，舞台形象优雅并富有激情。他善于把作曲家的美学思想和艺术情操进行深入的阐述和解读，并将自己的理解准确传递给全体演奏员，最终通过演奏员的艺术劳动传递给听众。我们常说指挥是交响乐团的灵魂，是艺术生产的总设计师，精神劳动的组织者和带头人。有道是，有什么样的指挥就有什么样的乐团，此话不无道理。

中央广播电影交响乐团此行还带来一组器乐节目，陈青志的钢琴独奏《枉凝眉》，胡之良的萨克斯独奏《卡萨布兰卡》，首席小提琴演奏家田雪、竖琴演奏家李莉、加拿大著名大提琴家 Jean-Francois Marquis 演奏的《匆匆那年》，田雪与 Jean-Francois Marquis 的小提琴与大提琴对唱——You Raise Me Up，都为我们描绘了不同的音乐，不一样的风景。

女高音歌唱家王小莹以中国西部歌王——王洛宾编曲的《玛依拉》和现代歌曲《故乡是北京》征服了听众，她还与魁北克著名男高音歌唱家、著名歌剧演员Mario Simard合作演唱了中国歌曲《月亮代表我的心》，该演员曾在多部舞台剧和影视剧中扮演硬汉形象，但这次居然把《月亮代表我的心》演绎得脉脉含情，楚楚动人，也算是铁汉柔情吧！

本次新年音乐会的又一亮点，是蒙城的近百位当地艺术家加盟演出，他们分别来自蒙特利尔梦之声合唱团、蒙特利尔华夏艺术团。他们与女高音歌唱家王小莹合作演唱了影片《上甘岭》主题歌《我的祖国》，并演唱了合唱《大海．牧羊女．少林三部曲》，声情并茂，和谐统一，训练有素，为蒙城华人增光不少。

值得一提的是本次新年音乐会主办方之一，蒙特利尔中华文化艺术基金会主席黄显淑女士，为蒙城华人同胞献上一曲影片《知音》的主题歌，歌声悠扬，声声悦耳，情感真挚，舞台形象优美动人。黄女士从小喜欢歌唱，是蒙特利尔知名的民族歌手。多年来她始终对歌唱情有独钟，两次成功举办中国新年音乐会，为活跃华人文化生活和中加文化交流做出了积极的贡献！

蒙城文艺老中青

红灯区的脱衣舞厅

这就是我

我不会外语，年轻时学的是俄语，由于常年不用，早已忘到九霄云外。移民加国后也报过英语班法语班，但学习成绩实在太差，以至老师三令五申，不准到外面说我是她的学生，以免有损她的声誉。

我不会电脑，自然也就不会打字，上网，发信息，玩游戏．．．活脱一个现代科盲。儿子儿媳都是通信工程方面的专家，儿媳笑说，老爸简直就是一个农民工，儿子更正说，连民工都不如，当今的农民工什么不会？

我不会开车，儿媳曾想给我弄一辆。儿子反对说，省省吧，就老爸那年岁，那视力，咱就别没事找事了。

我不会跳舞。年轻时跳过一次，舞伴是本团的一位舞蹈演员，一场舞下来，她的三寸金莲被踩得红肿`。

我也不会唱歌，在国内时曾是专业剧团的专职编剧，创作之余总想混进合唱队唱个低音声部，但声乐老师说唱功太差，属于"魔鬼男低音"那种。不久前我参加了梦之声合唱团，经过几个月的艰苦训练，颇有长进，当然也只能唱个合唱，独唱想都不敢想。

　　我只会一件事，那就是写作。曾有剧本和小说被发表，出版，上演。水平也就是一般般，因为距离诺贝尔文学奖，还差十万八千里！

　　看完这篇短文，十个读者有九个会说，这人太差劲。不过也许会有一个人说，哇塞，这个人真像我！

文友小赖

　　加拿大是个好地方，美中不足的是，由于语言障碍，让我感到真是看病难，难于上青天！我年轻时学的是俄语，移民后虽然也报过英语班法语班，但学习成绩那叫一个差，以至于老师不准我到外边说我是她的学生，以免有损她的声誉。后来有朋友给我出招儿，去华人服务中心申请一位义工，陪同前往医院诊病并担任全程翻译。我去了，负责人向我保证，一定派个有经验有水平有爱心的优秀义工。

　　到了看病那天，我们按约定的时间、地点和见面方法"接上了头"。但我大失所望，看上去她像个高中女生，高挑的身材，乌黑的长发，雪白的短衫，花样的长裙，这样一位小朋友无论如何跟"三有"义工扯不到一起。看来，我算是被中心忽悠了。

　　然而接下来的无数事实充分证明了我判断的失误，因为这位义工实在是太专业了。她首先询问病情，然后阅读病历，最后倾听我的想法，紧接着就是旋风般的办卡、挂号、与护士接洽、最后面见医生。在诊室里，她从容不迫地回答医生的提问，优美的语句像田野上的小溪般淙淙流淌。后来我才得知，她原来是一位学眼科的博士生。更加可贵的是，她不但专业，而且敬业：碰巧我那次看的是男科，不但要现场做各种检查，还要回答医生提出的各种问题。但这些丝毫也没能难倒她，凭籍责任心和敬业精神，再加上流利的法语和丰富的医学知识，出色地完成了任务，充分表现出一位未来医生的美质。

后来我有机会接触到她的有关资料，方知她竟是一名老资格的义工，她十年如一日，向有需要的人士伸出援手。中学时期她曾在流浪者之家为流浪者们准备和分发食物，在蝴蝶夏令营与残疾儿童度过两个难忘的夏天，创立了学校环保小组绿化学校节约能源。读大学预科时，积极参与了红十字会、麦吉尔癌症研究所、蒙特利尔儿童医院、加拿大白血病机构等单位的筹款活动，还与十几位年轻义工合作，完成了唐人街中山公园以环保为主题的精美壁画。她还常年陪同蒙城新移民到各医院就医诊病全程翻译，由于她熟知健康医学词汇，精通粤语、国语、英语及法语，深受同胞们的信任与好评，连续三次荣获华人服务中心颁发的杰出义工奖。

来往后，她顺理成章地成为我的忘年交和小文友。这孩子自幼喜爱阅读和写作，九岁时便创作了武侠小说《赵灵儿奇传》。作品虽然难免稚嫩，但有人物，有性格，有布局，有章法，有故事，有悬念，有满纸的武侠术语，还居然有爱情描写！你想，一个九岁的小屁孩儿，她能知道爱情为何物，这些肯定都是她饱读上百部武侠小说的"积淀"。当然，作品少不了对前辈作家的学习、模仿和借鉴，但是应该说，她模仿得十分到位，借鉴得特别成功，所以读来倍觉有板有眼、有声有色、有滋有味，令你刮目相看拍案叫绝。移民加国后，她笔耕不缀，屡有建树，陆续创作了一系列诗词散文、童话故事及短篇小说，散见《人民日报·加拿大版》、《蒙城华人报》、《加拿大少年诗人选集》等，虽说年纪轻轻，却是蓓蕾满枝。

去年冬天我回国探亲，回到蒙城后看到她的来信，说是有要事求教，并相约在老地方——联邦大楼的三棵椰子树下见面。原来，有关单位创立了"优秀华裔学子奖学金"，她认为这份奖学金意义深远，因为它代表了社会对年青一代的承认、鼓舞和期许，从而让年轻人更加努力上进，奋发图强。但她同时也有顾虑，蒙特利尔人杰地灵，华人社会人才辈出，自己能否获此殊荣她心中没底。我告诉她，重在参与四个字虽然被人用滥，但确是绝对真理。我鼓励她勇敢参选，并郑重地给评委会写了推荐信。

上个周末的夜晚，书房里响起了电话铃声，当我向她询问是否有好消息要告诉我时，她引用了英国人的一句格言，"没有消息就是好消息"。她还告诉我，对她而言，能获奖是激励，不能获奖是鞭策，要相信明天的太阳总要升起。这句话使我心存感动，它增长了我对年轻一代的理解、信心和希望。

说了半天，我还没有告诉你她的名字，她叫——赖凤欣。

附记：本文发稿时得到消息，赖凤欣荣获"优秀华裔学子奖学金"一等奖——金鹰奖。

回忆与思考

----写在《梦之星》百期纪念日

　　两年前一个夏日的黄昏，一位文艺男老年与两位文艺女青年在联邦大厦的室外花园见面了。三人相见之后，没有寒暄，没有客套，闲言少叙，直奔主题，各自拿出自己的编辑构想，就即将诞生的文学栏目展开热烈的讨论，从办刊方针到风格特色，从栏目内容到版式设计，从编辑部构成到作者队伍都一一谈到，还为了栏目的名称绞尽脑汁，直到夜幕降临才结束会议。他们把这次会面庄重地称为编辑部第一次工作会议，那个栏目便是随后出现在《北美经济导报》上的文学板块《梦之声》。三人当中，那位高高大大的长者便是本文作者，时任梦之声合唱团男低声部的声部长，那位端庄秀丽的女孩是女高音声部的李妍，合唱团的文学才女，而那位身材高挑，举止干练的美女齐星，现任梦之声合唱团团长、《北美经济导报》副总编、业余马拉松跑者。

　　《梦之声》正式登台亮相，好评如潮。它是一扇窗口，向广大读者介绍梦之声合唱团的教学、排练、演出和活动，展示中国原创合唱作品与异彩纷呈的各族民歌，从而成为加拿大多元文化长河中的一滴水珠，一朵浪花。它是一座桥梁，连接着读者、作者与编者，连结着演员与观众，连结着合唱团每一位团友的心。它是一块绿地，文学爱好者在这片芳草地上辛勤耕耘，用文学之犁，犁出一个丰硕的金秋，许多青年习作者从这里起步，一举登上更加广阔的文学舞台。后来，本文作者由于回国以及投入长篇小说的创作而离开编辑团队，但我们相约，当栏目出到百期时，我们三人将再次合作，在同一个黄金版面上各自写一篇纪念性的文字。

前天夜里，书房内响起一阵清脆的电话铃声，是齐星！她兴奋地告诉我，再隔一周，《梦之声》该出第 100 期了。我顿时懵在了那里，这是什么情况？栏目该出百期？它已运行两年？时间都到哪里去了？并且不怕读者诸君见笑，在那一瞬间我竟会老泪纵横！

一阵感慨之后，我开始冷静地思考和梳理，清醒地审视和丈量栏目艰辛的文学之旅。是啊，它贯彻了既定的编辑方针和文学理念，展示了梦之声合唱团的各项活动与合唱文化，培养了一批青年作者，向广大读者提供了优质的精神食粮⋯但它没有原地踏步，故步自封，而是不断创新求变，大胆探索，向着更高的目标奋勇登攀。

今年的 1 月 1 号，《梦之声》改版，这是一项壮举，是一次战略突围，除将栏目更名为《梦之星》，将版面由半版扩展为整版，从而尽显"高大上"的风采之外，更为重要地是栏目内容方面的高瞻远瞩，吐故纳新，除了以足够的篇幅报道梦之声合唱团艺术上的进取和长足的进步外，它还把目光瞄准了五彩缤纷的现实生活，将触觉伸向广阔的社会空间，在这里你能读到母亲节的花朵，父亲节的祝愿，故国久违的明月，劳伦斯河的波澜，社区的足球锦标赛，渥太华的"快闪"，民国海军抗日将领，抗美援朝战争的英雄…在作者队伍建设上，《梦之星》既立足本团，又面向社会，团结了一批青年作者，从而形成合力，开创了生动活泼的喜人局面。在写作技法上，栏目的写作团队摒弃了那种假话、大话、空话、套话、废话等陈词滥调，和公式化、概念化、模式化的写作形式，以及千篇一律、味同嚼蜡的枯燥语言。不，《梦之星》的作者们大都写得生动活泼，真实自然，清新明丽，不拘一格，这对于一个刊登原创作品的栏目来说，实属不易！

《梦之星》栏目的成长壮大，得力于优秀企业家、湖南商会会长、《北美经济导报》社长熊立新先生的鼎力支持。何谓优秀企业家？我理解就是那种能赚钱会赚钱，赚了钱又能回馈社会的人。据我所知，蒙城有一批这样的企业家，有一批视新闻事业为生命的媒体人，正是他（她）们，用自己并不伟岸的身躯，支撑着蒙城文化的天空。

我跟齐星约定，《梦之星》出到 200 期时，我会再写些纪念的文字----只要那时我还能活在这片银色的月光下。

跳舞的女孩

　　如诉如泣的马头琴声响了起来，在梳人灵魂的蒙古族音乐伴奏下，一位身材婀娜，面容秀丽的文艺女青年正在翩翩起舞，那曼妙的舞步，优美的肢体语言和绚丽多彩的民族服装，深深地吸引着观者的目光，其中的一位还情不自禁地离开坐席，一边观看，一边模仿着舞者的动作，自我陶醉地舞了起来。

　　这位舞者是谁呀？她，就是蒙特利尔梦之声合唱团的舞蹈演员、女高音歌手、蒙古族姑娘尹小丽。

　　尹小丽表演的舞蹈《鸿雁》，是她的保留节目之一。作品描绘了"江水长，秋草黄，草原上琴声忧伤"的悲凉意境中，一对对大雁排列成行，展翅飞翔在苍茫的万里蓝天，离开故乡，飞向南方的动人情景，雁群飞走了，但辽阔的北方大地，花一般的内蒙古草原，永远是它们依恋的家乡。而当来年"春意暖，歌声远，琴声颤"，鸿雁北归，重新飞回可爱的故乡。在这里，作品的主题与表演者的人生经历、思想情感以及那剪不断理还乱的乡愁与离愁是相通的，正因如此，尹小丽塑造的鸿雁形象才如此感人至深，如此令人过目不忘。是啊，正当尹小丽在国内的事业红红火火顺风顺水时，她却满怀领略外面世界如何精彩的梦想，只身漂泊到北美。同所有远行者一样，她必然也会跌落人生的低谷，经历种种郁闷、纠结与无奈。但她勇敢地面对一切挑战，终于在生活中重新找到了属于自己的位置。然而有一点是尹小丽无法改变的，那就是对祖国对故乡永恒的刻骨铭心的思念，总有一天，她也会如同舞蹈中的鸿雁一样，展翅飞回到梦魂萦绕的故乡，"酒喝干，再斟满，今夜不醉不还。"

说起久别的故乡，尹小丽真是感慨万千，那海水般蔚蓝的高远天空，一望无际辽阔的大草原，翡翠般晶莹闪光的海子，白莲花般的蒙古包，像一幅幅油画，永永远远定格在她的脑海里。那羊群般的白云，白云般的羊群，悠长的马头琴声，唱着牧歌的牧马人，仿佛色彩斑斓的画图，将久远地镶嵌在她五光十色的记忆画册中。最令尹小丽不能忘怀的，是蒙古族人民可贵的性格，热情好客，真诚豪放。他们能喝能跳又能唱，每当有朋自远方来，更是大碗喝酒，大口吃肉，大声歌唱，真的是热情似火！

这样的民族哺育出这样的儿女，尹小丽生就热情豪爽，真诚善良，她热爱生活，喜欢文艺，她把梦之声合唱团当成自己的精神家园。还记得合唱团首次演出，正值蒙城遭遇连日大雪，纷纷扬扬的鹅毛大雪漫天飞舞，天地连成白茫茫的一片，尹小丽开车把团友们从合唱团接到演出现场，演出结束后又把团友们送回家，可是无边的黑夜和漫天飞雪使她迷了路，当她找回家时已是午夜时分了。

尹小丽有一张节目单，上面写着她钟爱的舞蹈作品，她将生命不息舞蹈不止，通过肢体语言向蒙城各族裔兄弟姐妹形象地展示，这就是中国人，这就是中国的内蒙古人！

我的第一个朋友

来到加拿大，我交的第一个朋友是作家张廷华（笔名古沙）。说出来您别笑，我俩是在麦当劳的洗手间里认识的。

那是初来加国，空虚孤独寂寞，感谢蒙城诸多中文媒体的文学园地，伴我走过了一个个寒冷的冬夜，而张廷华的长篇小说连载《五味人生》，便是我每周必读的精神大餐。连载配发了作者照片，清瘦的面孔，花白的头发，含笑的眼睛，使我一眼就认出了眼前的这个人，再加上一口浓重的河南口音，肯定是他无疑。于是，我便冒昧地问候："您好，张廷华先生！"

他凝视着我，似乎在尽力回想。我说不用回忆，你不会认识我，因为我只是你的一个读者，一个粉丝。

我们就这样认识了。在以后的交往中，张廷华给了我许多具体的帮助。那时，我对新的生活环境很不适应，真地觉得这边是"好山好水好寂寞"，而那边是"车多人多好快活"。留下还是回去，这是个问题，最终决定打道回府。张廷华知道了，又是打电话，又是发信息，还把他的有关文章传给我，告诉我一个人必须学会适应环境，学会在新的生活空间里重新找回自己，变

"好寂寞"为"好快活"，变空虚失落为充实自信。最后我决定留下，便向他咨询老年公寓情况，他向我隆重推荐他所在的公寓，说那里住着 17 户中国人，华人与华人之间，华人与西人之间，和谐相处，亲如一家。后来我又萌生了加入魁华作协的想法，他就把作协情况仔仔细细地介绍了一遍，说到那些诗人和作家，文学前辈和文坛新秀，他的脸上仿佛绽开了灿烂的花朵，写满了骄傲与荣光。再后来，蒙城一位年轻的华裔美女导演筹拍一部华语影片，正四处物色男主角，我在国内时曾在专业剧团从事编剧工作，创作之余经常被导演拉去，客串一些诸如匪兵甲、匪兵乙、战士丙、群众丁等小角色，所以张庭华就推荐了我，最后竟然通过了面试，可惜由于投资方资金不能到位，影片流产，我的电影梦也就泡了汤。

张廷华乐于助人，他去长者俱乐部教英语，到中文学校教书法，陪老乡到医院看病充当翻译，帮回国的朋友看房子浇花。有一回他收到美女作家怀素的"邮件"，说她在菲律宾旅游被绑架，张廷华立即行动起来，联系了诸多文友，商讨营救计划，最后得知原来是怀素的邮箱被盗，坏人布了一场骗局，张廷华一场虚惊，怀素知道后那叫一个感动。

　　张廷华兴趣广泛，热爱生活，日子过得有滋有味。他自小喜爱书法，春联写遍了大半个村子。他多次发表书法作品，参加书法展出，入选千年文化碑林。他喜欢摄影，作品曾在国内展出，皇家山、修女岛、老港、圣劳伦斯河都在他的视野里，红男绿女、天真孩童、白发老翁常在他的镜头中。他长泡图书馆，非常得意自己拥有省、市、区三家图书馆的三张借书证。豪言自己精神富有，读书不穷。他是个网虫，网络使他的生活丰富多彩。他还是个旅行者，与朋友组成"旅游铁三角"，体验好山好水好快活的心情。

　　都说张廷华是个高产作家，他勤奋写作，笔耕不止，出版了长篇小说《五味人生》、《悲欢离合》，回忆录《寸忆人生》和散文集《岁月牧歌》。编辑出版了英语图书 20 多种，他的文字多见中、加、美等国报刊，作品语言生动，感情真挚，散发着浓郁的乡土气息。

　　OK，我在加国的第一位朋友！OK，华人作家张廷华！

相互靠拢的艺术

　　新任指挥迈着稳健的步伐，走进蒙特利尔梦之声合唱团的排练场。他容光焕发，风度翩翩，光秃的头顶不长一根"草"，四周却飘扬着一圈潇洒的长发。见他走进排练场，全体团员不约而同地高喊："陈燮阳先生，您好！"

　　他笑了，用一口极其糟糕的上海普通话自我介绍说："陈燮阳先生是我国著名指挥家，我很荣幸外形跟他酷似并且还是上海老乡。自我介绍一下，我叫陆荣方，从现在起我是你们的合唱指挥兼声乐指导，希望我们合作愉快！"

　　这是一个多么独特的开场白啊，他就是这样把你不知不觉地带进了他的第一堂声乐课。陆荣方是一位艺术造诣很深的音乐家，他的声乐课深入浅出，通俗易懂，声情并茂，生动活泼，善于把高深的音乐理论通过潜移默化的表现形式传达给听众，用有滋有味有声有色的细节感染听者。他讲授"轻声高位"的发声方法时举了一个例子，说深更半夜之时家里进了贼，先生用耳语告诉太太说："老婆，厨房里有小偷！"这句话肯定不能高声大嗓，但又必须说得清清楚楚，让太太听得明明白白。

他告诉团员们，要想把歌唱好，一要热爱生活热爱艺术热爱一切美好的事物，二要刻苦训练持之以恒，三要动之以情用心灵歌唱。他通过自己的一个小故事来现身说法：在他童年的时候，上学的路上有一家乐器店，闪亮的玻璃橱窗里陈列着一只可爱的小提琴，童年陆荣方每次经过那里，都要停下脚步，对着那把小提琴深情凝望。有一次陆荣方发现了一本少儿读物《怎样制作小提琴》，他如获至宝，欣喜若狂，便按书中要求精心制作，他找来松木做琴的面板，用枫木做底板，半年后，一把闪烁着迷人光辉的小提琴制作成功了，工艺颇为精致，音色居然动听。后来有一位小伙伴随父母远走新疆，陆荣方便把自己心爱的琴赠给了远行的朋友。就这样，一堂两个小时的声乐理论课，在轻松愉快的气氛中不知不觉地过去了，很多团员嫌每周两小时的声乐理论课实在是太少太少，说若是每周有两个星期日就好了。

陆荣方师从上海音乐学院指挥系李沛泉教授，恩师的谆谆教诲终生难忘，从而形成了陆荣方对合唱艺术的独到见解。他认为合唱是和声的艺术，凝聚的艺术，是音色相互靠拢的艺术，是只有一种声音的艺术。而所谓声音的靠拢，又分为横向与纵向两种情况，纵向的靠拢是指一个声部内的靠拢，横向的靠拢则是四个声部的靠拢，即男高音声部、男低音声部、女中音声部向女高音声部的靠拢。通过以上两种靠拢，使合唱的音色更加统一，更加和谐。

陆荣方说，指挥应该是个多面手，除精通指挥业务外，他还应该懂作曲，会弹琴，能唱歌，还能教别人唱歌。指挥还是个力气活，每次授课、排练或演出下来，他常常累得腰痛腿酸，授课和排练过程中，要不断地讲话和示范，他的嗓子经常嘶哑。陆荣方认为，指挥还应该是个光荣的"勤杂工"，除讲课外，还要备课、查资料、编讲义、印歌片…有一段时间他还身兼三职，除声乐指导和合唱指挥外，还要兼任手风琴伴奏。

陆荣方认为，作为一个分声部演唱的华人合唱团，梦之声在蒙城当属一枝独秀，但蒙特利尔作为国际大都市、著名的艺术之都、"欧洲与北美的交界口"，不应是一枝独秀，而应是雨后春笋，除梦之声外，还应有更多的歌之声、乐之声、春之声、雀之声涌现出来。从国内来看，近年来合唱事业发展速度很快，上海有几千个合唱团，全国有几万个，并且得到国际上的认可，如内蒙古青年合唱团在欧洲的合唱比赛中一举夺得金奖，可喜可贺。陆荣方希望，我们蒙城华人在不太遥远的未来能做到三点，即合唱团再多一点，曲目再广泛一点，水平再提高一点，对繁荣蒙城的多元文化共同做出不懈的努力。

地铁里的音乐家

十年前，我第一次来蒙城探亲，有一天在地铁中转站候车，忽然听到一阵悠扬的手风琴声，循声望去，只见一位人过中年的华裔男子，正全神贯注地演奏着一曲中国民歌。十根细长的手指蝴蝶般在琴键上飞舞，那节奏、力度、音色以及对歌曲的处理极具专业水准，可谓炉火纯青。曲目范围十分广泛，从电影歌曲到流行歌曲、儿童歌曲、世界名曲，从中国民歌到朝鲜、古巴、加拿大、马来西亚民歌，特别是俄罗斯民歌和苏联歌曲，都被他演绎得出神入化、韵味十足，那忧郁深沉而悠长的旋律，那辽阔厚重而粗犷的音乐风格，把俄罗斯人的民族性格诠释得极为精准。由于我自己的学生时代是在东北哈尔滨度过的，那里曾被称为"东方的莫斯科"和"西方的小巴黎"，所以深受俄罗斯文化的影响，以致那一代青年十分钟爱苏俄音乐。如今听到这久违的旋律，仿佛他乡遇到知音。然而，一连串的问号产生了，他是谁?他的背景是怎样的?他也是哈尔滨人吗？他何以对苏俄音乐有如此独到的理解?这个悬念萦绕在心间，整整十个年头。

又过了两年，我第二次来蒙城探亲，顾不上什么时差，我迫不及待地跑进地铁，想再次一睹那位神秘音乐家的风采。可是一连数月，再也没能听到那熟悉的琴声，"人去楼空"矣！听朋友说，不少网友都在询问，地铁里的手风琴家，你在哪里？

三年前，我移民加拿大，一到蒙城便一头扎进地铁。远远的，我听到了《多瑙河之波》，听到了《伏尔加船夫曲》，听到了《孤独的手风琴》…当我走近他，发现岁月的风霜染白了他的两鬓，时间的犁铧在额头刻满生命的年轮，不变的是那专注的神情、深沉的笑容和如醉如痴的琴声。

再往后，我们有缘成为梦之声合唱团的团友，才使我有幸浏览他生命的画卷，得以欣赏他的成功之路和传奇人生。我试图用三个字概括他的人生之旅：痴、闯、美。

先说"痴"。他叫姜彬，辽宁大连人。少年时代受同班同学、当代中国著名手风琴演奏家王国政的影响，走上了手风琴演奏的艺术之路。当时，少年姜彬除了完成学业，每天要练琴十小时，肌肉拉伤了，手指麻木了，他全然不顾，只知不停的练，练，练！这里面有少年姜彬顽强的毅力，有对艺术的追求和痴情。终于，他能上台演奏了，几百场演出下来，姜彬成为大连市小有名气的少年手风琴演奏家。后来，他走进大连民间俄语合唱团，成为首席手风琴演奏家。该团实力雄厚，人才济济，曾荣获全国合唱比赛第一名，特别是擅长用俄语演唱苏联歌曲和俄罗斯民歌，在全国独树一帜，为发展中俄友谊做出了突出贡献。这是由于历史的原因，大连形成了包括俄罗斯文化在内的多元文化格局。姜彬不会忘记，俄罗斯水兵在大连郊外的晚上，在深夜的花园里，用钮扣式手风琴演奏着《田野静悄悄》和《有谁知道她》，任何一个军官和士兵，都可以在钢琴上弹奏出美妙的和弦。姜彬经常看到一排士兵坐在广场纪念碑的台阶上，在手风琴伴奏下，用几个声部唱起《灯光》、《喀秋莎》和《太阳落山》…

2001 年，时任俄罗斯总统的叶利钦访华时来大连参观，大连民间俄语合唱团应邀为总统演出。当叶利钦听到一首首苏俄歌曲从中国歌唱家的心底流出，不由得眼含热泪，激动不已。是啊，连当代俄罗斯人都已忘却的苏俄歌曲，却唱响在中国大地上，不能不说是一个十分独特的文化现象。

2002 年是中俄文化交流年，是年 5 月，俄罗斯国家电视台奉叶利钦指示，专程来华录制大连民间俄语合唱团的节目，并在国家电视台黄金时段播出，引起一番不小的轰动。

再说"闯"。2002 年，姜彬下海经商，背着心爱手风琴，只身闯荡马来西亚。在贸易展览会上，姜彬别出心裁，在自己的展位上拉响了手风琴，奏起了中国民歌，举办了一场别开生面的"展览馆音乐会"，那优美的旋律，独特的中华风情，高超的演奏技巧，吸引了无数华人、西人和亚裔朋友。

姜彬在马来西亚经商三年，拉了三年手风琴，很快成为当地文化名人，他应邀到电视台做节目，接受媒体采访，参加华人社区各种文化活动，并在两个城市举办了手风琴音乐欣赏会，市长亲自为音乐会剪彩，与领事馆总领事亲切会见，中文报纸《国际时报》、《美里日报》刊发了消息和评论。

2003 年 5 月，姜彬访问古巴，在首都哈瓦那，应邀为古巴革命元老、卡斯特罗和格瓦拉的战友、时任古巴政府渔业部长的艾里克举办了一场家庭音乐会。艾里克先生曾作为政府代表团成员多次访华，与时任国务院副总理的李先念交情颇深。他十分热爱中国音乐，拿出珍藏多年的中国古典音乐的影像资料与姜彬分享。姜彬为部长先生演奏了自己改编的手风琴独奏曲《兰花花》，陪伴部长先生一同走进辽阔的中国西北大地，走进悲怆苍凉的西部民歌，走进兰花花们悲凉的爱情故事。

同年，姜彬移民加国，定居蒙城。在这座艺术之都和国际大都市，姜彬经常看到音乐学子和艺人们在街头地铁有偿献艺。在市民眼中，街头艺人也是艺术家，同样应当受到尊重，这就是加拿大人的价值观。此刻的姜彬虽然已经"不差钱"，但他还是按捺不住，他要通过琴声自我陶醉，同时也去陶醉别人，便毅然背起手风琴，走进街头艺人的行列，开始了地铁里的献艺生涯，在蒙城媒体评选十大优秀地铁艺人活动里，在二百位参评者中名列第五，他又一次成功了。

最后说说"美"。在朋友眼中，姜彬是个不修边幅，"鞋儿破，帽儿破，身上袈裟破"的济公形象，可是骨子里，绝对是一位真正的美学家。他热爱书法，喜欢美术，痴迷旅游，经常在美丽的景色中流连忘返。他还打得一手好乒乓，尤其热衷足球，说那是力量美的运动。一位美女作家告诉我这样一件事，一次她刚走下地铁车厢，此时姜彬正在演奏一首儿童歌曲，见她朝自己走来，连忙改奏迎宾曲。美女作家感动不已，便往收款箱里投了十元钱。我把这故事讲给姜彬，他说记得这事，但"严正声明"不是为了让她投钱，而是看她长得漂亮。

你看，这就是艺术家，一切美好的事物都极易触动他们的爱美之心。

上个周末，在一次朋友聚会中，姜彬悄声对我说，他又要走了。我连忙问，你还回来吗？

"无可奉告。"他狡黠地冲我挤挤眼睛。

校长的午餐

一个春光明媚的日子，我走进英才学院的教学大楼，来拜访校长赵振家先生。

我跟赵校长素不相识，此行的目的是想在英才找份工作，具体来说就是想当一名中文教师。作为刚到加国不久的新移民，我对蒙城情况真是两眼一抹黑，而我之所以在众多的中文学校里选择了英才，是因为在媒体看到了关于赵校长的介绍：加中文化教育交流协会主席、加拿大华人信息技术协会会长、加拿大杰出华商创业精神奖、中国北京青年科技教育十佳。如果能在这样一位校长的手下工作，应该说是三生有幸了。

在走廊上，我最后一遍在心里演习开场白及谈话要点，接着看了一眼时间：差五分两点。

我走进了英才学院办公室。

校长神情专注地听完我的自我介绍，看了我在中国出版的书和发表的作品，然后便提出了一连串的问题：教育背景、教学理念、教材教法以及未来工作的总体构思。他的谈话风格开门见山，单刀直入，直奔主题，没有寒暄，没有客套，没有开场白；他的态度极为坦诚，观点鲜明，开诚布公，既不含糊其辞，也不拐弯抹角，既肯定了总体构思的优长，也指出缺憾与不足，并冷静地预想到可能遇到的困难，以及克服困难的种种方法。最后，赵校长明确地告诉我，中文教师的职位还要等机会，但是凭着我的中文写作和教学的丰厚经验，可以在英才的中文教学与发展等方面作些指导。

这时，助手轻轻走进办公室，把一个盒饭轻轻放在校长的办公桌上，他说了声谢谢，把它轻轻推到一旁。

我这才明白，原来他还没吃午饭！一位名校的校长，竟然忙得天昏地暗，把午饭推迟到下午两点！我明白了，英才这些年来之所以取得如此骄人的成绩，如此宏大的办学规模和如此良好的口碑，之所以桃李芬芳，硕果累累，培育出一批又一批的少年英才，教书育人两方面取得双丰收，这一切的一切，都是干出来的，苦出来的！

我坚持请他先吃午饭，他却推说不忙不忙，还是助手思路敏捷，建议他边吃边谈。

于是他开始狼吞虎咽，风卷残云，速度之快令我瞠目。他吃得极香，仿佛是在品味美味珍馐，但我看到那分明是一份极为普通的饭食，我知道那一定是因为饥饿的缘故----由于我自己经常饿饭，我十分熟悉那种感觉。

学生们下课了，打断了校长已经推迟的午餐。一个男学生和母亲来到办公室，他是英才的新学员，聪明好学，活泼可爱，只是刚来加国不久，法语成绩不很理想，又面临升中学考试，全家感到很有压力。针对他的情况，校长冥思苦想认真思考，接连向家长和学生提了几个建议，还鼓励他们不要被困难吓住，努力把法语成绩搞上去。赵校长向这位学生强调指出，只要认真努力，按照以往英才学生的培养经验，他是可以心想事成的。

跟着进来了一位家长，他的孩子学习成绩优异，每次考试都名列前茅，美中不足的是胆小怕事，性格过于内向。校长建议家长注意调整自己的方式方法，孩子的这些倾向常常是不自信的表现，有时是家长急于望子成龙、批评过多、过于溺爱造成的，建议家长注意鼓励表扬孩子，放手让孩子独立完成事情，强化孩子非智力因素的提升，培养他开朗的性格和遇事敢于担当的品质。

最后，一个面容秀丽身材修长的红衣少女出现在他的面前，她是英才学生的表姐，最近刚刚从中国来到蒙特利尔，这次是为了报考高校选择专业方向，来听取校长的意见。她打算报考康考迪亚大学的新闻专业。校长认为作为一名初来加国的新人，对这里的历史文化、风俗人情、国民性格甚至方言俚语等方方面面都难于有深入的了解和精确的把握，这就会给未来的新闻写作和新闻事业的发展造成诸多不便甚至阻力。我们选择专业，一定要扬长避短，量力而为，既要考虑兴趣，更要注重实际。一番话说得那位红衣少女顿开茅塞，笑说老师一席话，胜读十年书。或许，加国将会少了一个蹩脚的记者，而多了一个优秀的医生或工程师。

上课铃声响了，办公室里安静下来，我连忙起身告辞，一来想让校长趁着这难得的清静吃完这顿迟到的午餐，二来想赶紧跑回家，趁灵感的火花还没熄灭，弄出一篇文章来。

校长的一天

2010 年 6 月 25 日清晨，蒙城公路上

太阳刚刚升起，赵振家就开着他那辆老爷车在路上跑，这个时段路上人少车少，头脑又特别清醒，他刚好利用这段有限的时间梳理一下纷乱的思绪，并进而做出决定：是赶赴首都渥太华参加胡锦涛主席的接见呢，还是留在蒙特利尔，主持英才学院夏令营的开营日？

赵振家是一位成功人士。在国内时，他在学术、科研、教学、管理等领域多有建树。移民加国后，又对丰富华人生活、增进加中友好、弘扬祖国文化、支持北京奥运、培育华裔英才等方面做出巨大贡献。而更加值得称道的是他那深沉的爱国情结，他说，越是离开祖国的怀抱，越是热切地挚爱着祖国这片热土。

作为一名爱国的教育家，赵振家受到广大旅加华人华侨的拥戴和社会的认可，被授予加拿大杰出华商-创业精神奖，两次受到朱镕基总理和温家宝总理的亲切接见。这次胡主席访加，有关方面又邀请他作为华人华侨代表，参加胡锦涛主席的接见。

赵振家激动万分，能代表华人华侨向祖国亲人倾诉海外赤子久远的思念是他的梦想，这梦想果真如愿以偿，不仅是自己人生旅途的一段特殊经历，更是祖国给予他的无尚荣光。

但是，赵振家想到了英才学院，想到了英才夏令营的开营日，想到了夏令营里孩子们一双双渴求知识的眼睛。而每当想到孩子，想到这些稚嫩的花朵，他便体察到自己肩头沉重的责任和使命，而这些比个人的荣誉更加神圣更加重要。

他得到营地去，主持英才夏令营的开营日。

前方出现了叉路口，一条路去首都，一条去英才。他沉思一下，然后果断而有力的踩了一脚油门。

早晨8点，夏令营营地

赵振家跳下车，大步流星地跨进营地办公室。

办公室里一片繁忙，开营日的工作虽然万绪千头，但忙而不乱，紧张有序。从各部门负责人到副校长，从助手到志愿者，整个团队的人都在自己的岗位上忙碌着，做最后的准备工作。赵振家开门见山，向他们提出了一连串的问题：从学前班到高中各班的教材是否都已放到教室，各班的课程表是否都已贴到教室，各教室的冷气设备是否都已打开放冷，给学生热饭的微波炉是否全部到位，准备让学生放自带饭的箱子是否已放到个教室门口，饮水机和厕所已否明确标示方向，确保学生安全的红色隔离锥是否已放到道路上，路上指导和负责安全的人员已否到位，各楼层的安全员到位没有，一日三餐能否保质保量，重中之重当属学生的健康与安全，一旦出现情况是否准备了相应预案⋯赵振家一口气提出了一大堆问题，他这人就这样，事无巨细，婆婆妈妈。

副校长向他汇报，由于英才学院、英才夏令营教育教学成果显著，上千学生心想事成考取了一流名校，而且在著名学校里的表现相当突出，学习成绩名列前茅，各种比赛夺金抢银，成为各个学校的佼佼者，所以本届英才夏令营学生人数上了一个新台阶，并针对新情况新形势和管理人员的新理念新认识，制定出新计划新目标，除英语、法语、数学的各级提高班外，还开设了阅读与写作班、复习迎考班、强化班、竞赛班、精品班、辅导班、升中学准备班⋯为了使学生的心智得以健康成长，本届夏令营还开设了综艺课程，如舞蹈、声乐、绘画、足球、游泳、武术、羽毛球等等，总之，我们会让营员们学的舒心，玩的开心，让家长一百个放心。

但赵振家还是有两个不放心，一个是饮食，一个是学员的安全和健康。副校长告诉他，夏令营聘请专业人员对员工和志愿者进行培训，配备的几个急救箱也已到位。至于营员的饮食，遵照校长"营养丰富、味美可口、清洁卫生、价格合理"的要求，我们把供应饭菜的餐馆换了一家又一家，最后这家您肯定会十分满意。

"好！"赵振家胸有成竹地说"现在是一切就绪，只等开营了。"

早晨8点30分，夏令营大楼楼前操场

各班教师都准时到位了，每个老师拿着学校制作的各班级牌子，按照学校的统一安排，一字排开，等待学生们的陆续到来。赵振家和工作人员在路口接待着一位位学生和家长，解答他们的问题，指导学生们到任课老师那列队。

接着各个班级都整齐列队，在老师的带领下，按工作人员的引导，依序进入教室，学生们拿着早已发到教室的学习材料，9点整正式开始上课。

助手走了进来，在他身边轻声低语，赵振家一愣神儿，快步走出营地办公室。

上午 9 点 30 分，某大学预科校长办公室

多年来，英才夏令营的营地一直是租用某大学预科的校舍。这所学校坏境优美，教学手段先进，它靠近地铁站，交通方便，但车辆不是很多，比较安全，双方合作可谓愉快。但是前些日子发生了一些不愉快的事件，几个学生溜到自动售货机，没有付钱，"拿"了机器里面的东西；学生在厕所里用厕纸玩，弄得满地满墙都是；有学生在电梯里乱摁按钮，造成电梯屡出故障；有几个英才学生捉迷藏，一个孩子无处藏身，便钻进了建筑工地。对方认为事情严重，准备约英才一谈，可是早不谈晚不谈，偏偏在忙得不可开交的开营日，"外交文书"传了过来！

赵振家赶到校长办公室，只见校长先生的脸上写满了冬天，他没有任何外交辞令，直截了当地告知赵振家，今夏的租赁合同到期后，不再与英才继续签约了。

中国人崇尚两个字："礼"和"理"。赵振家十分清楚，"理"在对方手中。此时此刻，只有表现出"理"和"礼"，事情才有可能峰回路转，朝着好的方向转变。

他首先承认了事实，并真诚地向对方道歉。接着又谦虚的征询对方意见，几年来，绝大多数英才学子在环境卫生、遵纪守法、文明礼貌等方面表现如何，在得到对方肯定的答复后，赵振家诚恳地对自己"约法三章"：一是加强管理，二是措施过细，三是对学生进行安全与纪律方面的教育，确保此类事件不再发生。并把新近修订的学生守则、教师职则等英才管理条例的法文版，厚厚一摞英才夏令营的计划安排书的法文版，向对方提交了一份。

校长先生看着赵振家递上的材料，他的脸由阴转晴，最后终于春风满面阳光灿烂。他们站起身来，两位校长的手紧紧地握在了一起，从对方握手的力度和时间上，赵振家感到了信任和友善。

"其实老外挺讲理的。"在回英才夏令营办公室的路上，他这样想。

上午 10 点 15 分，法语教室及各教室

回到营地，赵振家第一件事就是听一堂法语课，授课老师是一位元老级的法裔女教师，说是元老级，其实年纪并不大，但经验丰富，生动活泼，深入浅出，能

极大地调动学生的学习兴趣，并根据教材即兴发挥，课堂上笑话连篇，甚至载歌载舞，故而笑声此起彼伏。她有着一颗慈母心，啪地一声，一个学生的文具盒掉在地上，各种文具散落一地，她立马蹲下身来，把文具一样一样捡拾起来，又一样一样摆放在文具盒里。但她还有另外一面，两个学生在课堂上说话，她立刻停下来进行批评教育，还毫不客气地给他们调换座位。接着，教学继续有序地进行，这真是一位难得的好老师，赵振家这样想，英才这些年来之所以取得令人瞩目的成绩，除了决策的正确，措施的得力，管理的到位，与众多教师的艰辛付出是密不可分的，他们功不可没！

赵振家有个习惯，就是不时地从门窗巡视各个教室。听完一堂法语课后，他又将全营 20 多个教室逐个查视一遍，对发现的不足及时解决，也对学生们课堂表现积累了第一手材料，在以后和学生面对面交流时不管是表扬还是批评，都能以事实为依据，有的放矢，说到点子上。

下课铃声响了，透过高大的落地窗，他看到营员们正排起浩荡的队伍，走进餐厅享受味美可口的午餐。

中午 1 点，营地草坪上

助手找到他，说是有几位年轻的客人前来造访，赵振家连忙笑问是哪路神仙，助手朝他狡黠地一笑，说："去了就知道了，他们在营地前的草坪上等你。"

几名少男少女站在草坪上，他们身着洗得泛了白的英才营服，手里擎着大束的鲜花，他们曾经是英才学员，现在重返母校，来探望自己的恩师，来向母校汇报。赵振家熟悉而亲切的身影一出现，他们便立刻蜂拥上前，有的鞠躬，有的握手，有的拥抱，还有个小女生居然学习西人的礼仪跟他亲脸，赵振家出国多年，很多习惯都习以为常，唯独亲脸这个礼节叫他感到十分不惯。

"赵老师好！祝老师生日快乐！"赵振家这才猛然想起，今天是他四十七岁的生日，学生们这是给他"祝寿"来了。

赵振家一个个地端详着孩子们，一个个地叫出他们的名字，都说英才学院有三大特点，头一个就是英才校长能叫出众多学生的名字。他们知道这并不代表赵校长记忆力好，事实上他记性很一般，还是个典型的"马大哈"，他的这一特征实际上折射出一位教育家对其教育对象的深情和挚爱，迸发着性格的美丽和人文的关怀。

　　他深情地凝视着学生们，就像一位父亲凝视着久别的儿女。他发现学生们长大了，长高了，变英俊了，变漂亮了。女孩子们一个个眉清目秀，温文尔雅，男孩子们身材伟岸气质不俗，他指着一个男生的腹部，说："呦，小肚子怎么鼓出来了？"这位男生咧开大嘴笑着说："校长您不懂，这叫将军肚儿！"一位大眼睛女生立马纠正说："什么呀，这是正宗的啤酒肚儿！"

　　另一个男生长了一脸疙瘩，赵振家指着他的脸问："对不起，请教一下，这个叫什么呀？"

　　"青春痘。"男孩子回答。

　　"不对，"大眼睛女生说"应该叫青春美丽疙瘩痘。"

　　朗朗笑声在校园回荡，赵振家今儿个真开心。

　　"赵博生，说说你的情况。"赵振家开始"点将"。

　　那个叫赵博生的男孩开始向老师汇报，今年来他荣获全加数学比赛第一名、法语散文比赛第二名、诗歌比赛二等奖、全加中学生拉丁语比赛第三名，目前就读于魁省排名第一的某私立中学。

赵振家带头为他热烈鼓掌，他腼腆地扶了扶眼镜，仿佛在说："啊，英才，昨天我为是你的学子而骄傲，今天请你为我而自豪！"

学生们一个接一个地汇报下去，陈莉莉在华人法文作文比赛中多次获奖，全加数学比赛名列前茅；曹琳，以优异成绩考入全省最著名学校，中学一年级时在全学年级 350 名学生中学习成绩进入前十，二年级时一跃进入前三；李金国，荣获龙舟大赛绘画比赛第一名，全加小学生数学比赛名列前茅，以高分考取了著名的中学并成为该魁省顶尖学校的顶尖学生——学校"十佳"…

赵振家动情地倾听着弟子们的汇报，同时，另一组闪光的数字定格在他的眼前：建校至今，已有上千名英才中考生考入一流名校，上百名学员提前走出欢迎班，众多学生在法文、数学、英文、中文、绘画等比赛中获奖。他觉得自己像是一个辛勤劳作的农民，历经春播、夏锄、秋收，如今已经有了金色的收成。

学生们唱起了《祝你生日快乐》，与他依依惜别，赵振家望着众弟子远去的身影，不由得百感交集。忽然，他想到了某诗人的诗句，他把它稍加改动，在心中默诵：

为什么我的眼中满含泪水，

是因为我对学子们爱的深沉…

下午 2 点 30 分，营地游泳馆、嬉水乐园

本届夏令营的主题是：关注孩子心灵，促其健康成长，既要教会他们正确的学习，又要告诉他们如何快乐地放松。从这一主题出发，夏令营为孩子们安排了丰富多彩的活动，从而达到培养兴趣、发展个性、开阔视野、增长才干、寓教于乐、开拓潜能的目的。如果说孩子们每天上午是在"正确的学习"，那么每一天的整整一个下午都是在"快乐的放松"。现在，请跟着赵校长的脚步，到各教学班去看看吧。

在趣味中文班，孩子们通过诗歌、童话、动画、视频来了解中文独特的魅力；在创意美术班，小画家们挥动神奇的画笔，展现他们美丽的心灵和五彩的梦；在民族民间舞蹈教室，小小舞者在如醉如痴的音乐声中翩翩起舞；在少年艺术团，小演员们用中、英、法多种语言表演话剧，人物活灵活现，剧情生动感人；在图书馆，一个个小小啃书虫正读得津津有味，聚精会神；在绿茵场上，足球队员唱着自己创作的队歌入场，还有自己组织的拉拉队呐喊助威。

然后赵振家走向游泳馆旁的嬉水乐园，笑声、叫声、泼水声便扑面而来。两队孩子正在兴高采烈地打水

仗，他们手里端着"武器"——各种特制的水枪，甚至气球、水瓶等，你追我赶，"打打杀杀"，眼看女队要被打败，赵振家便挽起衣袖参战，他想帮帮女孩子们，没想到孩子们发现了自己的校长，便不分男女，一齐向他发起进攻。最后，打水仗演变成了"泼水节"，孩子们端起水枪，拿着水瓶，把欢乐的水花尽情地向他泼去，终于使他满脸是水，全身湿透，落荒而逃。

孩子们在哈哈笑，老师们在哈哈笑，家长们在哈哈笑。笑吧，闹吧，在英才，只有欢笑，没有烦恼。

下午四点差 10 分，英才夏令营路口

每天早上 9 点上课前，赵振家提前来到夏令营路口维护交通安全，和同学老师们道早安，同时将有些学生、教师的一些事务交代和处理一下。下午 4 点学生们从各个教室、活动室理好书包准备回家，他和学生、老师们愉快地道别。这时，他会时不时地拦住几个学生，询问一下文化课程和活动课堂的情况，以及自己一天学习和娱乐等各方面的感受，从中发现新情况新问题，同时也和来接孩子的家长做些交流和沟通。

晚五点半，某医院病房

送别了学生和老师，赵振家来到托儿所，看看图书、动漫故事片、乒乓球房等是不是全部安排好，助手跑来对他说，有位家长为了儿子过分劳累，把手伸进滚烫的油锅，现正在医院。赵振家听了，立马开着那辆老爷车，急急忙忙赶到医院。

这位家长是个新移民，他为儿子操碎了心。小家伙从小就是个捣蛋鬼，人称"调皮大王"。有一回他在课堂上用手工纸剪了一只小乌龟，贴在前排同学的后背上，闹得整个一堂课没法上。学习成绩就不用说了，期末考试语文 45 分，数学 54 分。来到英才后，赵振家发现他对老师和同学存在一种戒备心理，他总是斜着眼用余光看人，讲话时表情凶狠，仿佛跟别人有什么深仇大恨。

有一次英才夏令营组织足球比赛，赵振家发现这位学生主动跟几个同学自始自终一起当球童，跑前跑后为足球队捡球。赵振家心里一亮，想起了一句名言：生活中不是没有美，而是缺少发现。赵振家马上在全校大会上表扬了他，号召大家学习他关心别人，乐于为同学服务的精神。小家伙身上的美质被充分开掘出来，从此渐渐变得热情开朗，充满自信，学习突飞猛进，最后以优异的成绩被四所一流的学校同时录取。

这回家长倒是不用再为孩子学习操心了，可是他又要为昂贵的学费发愁！没办法，他只好同时打了几份工，没白没黑地玩命苦干。有一天，他筋疲力尽，高度紧张，眼睁睁地一只手伸进滚烫的油锅里。

你很难想象，当一位家长见到一位校长，堂堂的大男人也会泪流满面！赵振家请这位家长放心，英才的每个孩子都如同他自己的孩子，学校一定做好家长的后盾，协助孩子把学业抓好。他根据孩子的实力和特点，根据家庭住址和交通情况，根据学费高低和助学金的申请，在四所一流学校中锁定了一所。他还请各路朋友群策群力，帮这位家长找到一份收入较高的工作。

在回营地的路上，赵振家心中洋溢着一种幸福感。他深信，能给别人带来快乐的人是最快乐的。

晚八点，赵振家的家中

紧张忙碌的白天结束了，赵振家拖着沉重的步伐回到家中，三下五除二吃完晚饭后，便继续工作。

他首先将当天各部门负责人汇总的情况梳理一下，抓了一些落实，做了一些计划安排，又将第二天要注意的事项分人分事一一列出，以便在早晨的例会上向有关人员布置。接着将工作人员、教师做的学生在学校表现的记录表过滤了一遍，将一些需要和家长沟通的学生名字列了出来，逐个和学生家长打电话沟通，通报学生在学校的表现，提出希望家长配合的地方，并向家长建议引导学生的方法。事实证明这项工作是非常有效的，只要是赵振家校长联络过家长的学生，学习成绩、自觉性、学习方法、上课纪律都会有显著的好转。

在英才，学生们称赞赵振家讲课精彩，老师们赞扬他管理有方，而在家长们眼中，赵振家是个超级策划，他为每个家长出谋划策，是他们的"总参谋长"。他发表过洋洋万言的系列教育论文，阐述加国与魁省的教育体系和理念。他通晓每一年的最新全省中学排名，熟知如何选择、怎样考取心仪的学校，他了解每个学校的地理位置、交通状况、实力、特色和校风，他还掌握哪些学校拥有自己的管弦乐团，哪些学校采用电脑化教学，哪些学校拥有完美的体育场馆，哪个学校因培养舞蹈人才而闻名，哪些学校享有政府补贴，哪些学校可以申请助学金…这些信息对于家长来说简直是无价之宝，赵振家把这些财富毫无保留地奉献给每一个学生、家长和家庭。

午夜，赵振家的书房

夜深了，孤灯下，赵振家坐在电脑前埋头写作，他要把自己培养华裔英才的经验与教训，成功与失败写出来与大家分享，期望大家携手同心，让移民的第二代在加国的土地上更好的立足生根。

他打出文章的标题：《要把教育当事业来做》。

校长的心愿

　　校刊主编交我一任务，采访英才学院校长赵振家先生，连主题都敲定了：校长的心愿。可是赵校长谢绝采访，他说："心愿者，想做而未做的事情也，把没干的事情拿来写成文章登在报刊上，不好，不好！"在我再三劝说下，最后他总算接受了采访。您下面读到的就是采访笔记，出于结构上的考虑，我对材料的先后顺序进行了某些技术上的处理。

　　记者：赵校长您好！我们也算是老朋友了，我不但多次采访过您，还发表过以您为主人公的文章《校长的午餐》、《校长的一天》、《校长的电话》，这次又想弄一篇《校长的心愿》，从而形成一个校长系列，使读者对英才学院的教育教学情况有一个主观化的认识，希望您能在百忙之中鼎力支持。

　　赵振家：我在电话里说过，明天要干的事情今天先捅出去，不好。不过你的观点也不无道理，心愿一词也可分为过去时、现在时和将来时，如果这样来理解心愿，倒还真有的可说。

　　记者：谢谢，那就请您先谈谈过去时吧。

赵振家：我不是学教育的。在国内时，阴差阳错地成为一名科学家，但我热爱教育事业，喜欢教学工作，所以有幸登上著名学府北京大学的讲台。移民加国后，先后在华总会等单位兼职，曾组织或参与组织几十次有影响的大型活动。就在那时，我萌生了一个美好的心愿：为我们的华人子弟，为我们可爱的孩子们做些有益的事情。这是因为我们作为第一代移民，由于文化、教育、习俗背景的不同，需要有一个与当地社会融合的过程，弄不好就会成为边缘人。但是我们的下一代，决不能这样，他们必须把握未来把握命运，必须在这片土地上立足生根，所以我们有责任为他们打牢根基。于是，几经周折，英才学院诞生了。

记者：英才学院建校近十年来，确确实实为社会培养了一大批英才，这已经成为不争的事实，大家有目共睹。

赵振家：谢谢。英才走过来了，但也并非一帆风顺，好在由于全校教职员工的共同奋斗，英才新老学生、家长的不断支持，英才的脚步迈得还算坚实。最近英才学院在一项全国数学竞赛中荣获了学校排名全国第三、魁省第一的优异成绩。关于英才在教书育人方面取得的点滴成果，你在校长系列的前三篇文章中都涉及到了，这里我不再重复。

记者：那么，怎样理解现在时的心愿呢？

赵振家：过去，英才把聚焦瞄准在智商上，这当然是十分必要的。但是作为青少年，要想成为社会的主人，具有生存和服务社会的能力，仅仅有所谓的高智商是远远不够的，他还必须具有宝贵的情商做心灵的内核。这是因为作为一个社会的人，仅仅学会 ABCD 不行，那是低层次的要求，就像我们过去仅仅为了不饿才吃饱肚子。所以，今天的英才有"两只眼"，一只瞄准了智商，一只瞄准了情商。在这方面，我们可是花了很大的气力，集中了一切资源，努力打造一个一流管理、一流观念、一流教学、一流师资、一流服务的新英才。

记者：我明白了，但我还想知道，所谓的情商都包括哪些内容呢？

赵振家：一般来说，情商应该包括社会理想、道德情操、使命感、同情心、遵纪守法观念、与人相处的能力等等。在这里我仅举个小小的例子，也许能说明大大的问题。我校有个学习成绩相当不错的学员，他曾无比自豪地对我说，几年来他赚了我十几支笔（或得了十几次奖励），但后来他"一不小心"，"拿了"别人的东西。就这件事，我们采取了各种形式对他进行教育，真可谓苦口婆心啊！最后，终于使他认识到错误，主动交出了别人的东西。你看，智商和情商就像鸟儿的两只翅膀，少了一只这个大鸟都难以展翅翱翔。

记者：据说您今秋将参加中国国务院侨务办公室组织的海外"华文教育"华夏行活动，英才中文教育应该也是您一个现在时的心愿吧？

赵振家：是的。没有根就没有未来。我们第一代移民的华裔孩子时常会有"归属感"的困惑。对相当一部分孩子，中华民族是他们的根，学好中文是他们"认祖归根"的基石；弘扬中华文化是华夏子孙的共同心愿，在海外搞好中文教育就是一个最好的平台；以中国为主体的"中文世界"将是一个强大的经济、政治、科技文化载体，不管是我们华裔弟子还是其他民族，都将不可避免地去面对"中文世界"。因此办好英才中文就成了一个具有现实和深远意义的重要工作。

记者：最后，请您谈一下将来时的心愿吧，这可是记者最感兴趣的话题了。

赵振家：话说到这份儿上，看来不招是不行了，那行，我就简单说两句吧。说到将来，我最大的心愿就是创建一个有中华特色的全日制学校。在蒙特利尔，德国人办的全日制学校有一间，希腊人三间，犹太人十六间，我们华人呢，一间都没有，你说有多遗憾！这是因为中国已经成为世界经济和政治大国，从而要求海外中文教育要承担起弘扬中华文化和增强民族凝聚力的历史重担。至于具体做法，我想应该在魁北克省教育部指导下的全日制学校融入中华文化因素，例如开设中国历史、地理、文学、艺术等课程。要面向各个族裔，而不仅仅局限于华人后代，这样就会吸引更多的人接受中华文化，从而潜移默化，使其成为人类共享的文化资源。当然，心愿是美好的，前景是光明的，困难是巨大的。我寄希望于众人拾柴，寄希望于华人社区形成合力，也寄希望于政府能给予支持…

　　采访接近尾声时，校长睡着了。他这人就有这本事，能在任何时间任何地点任何情况下说睡就睡，我知道他最近很忙很累，英才圣劳伦和南岸双夏令营里的众多学子需要关怀和操劳。英才夏令营要办得一年比一年好的愿望，让身为一校之长的他更是日理万机，疲惫之极。我看了看采访记录，觉得材料已经差不多够了，决定不辞而别，我给校长披上一件衣服，又把台灯的光亮调到最暗，轻声离开校长室，愿他有一个好梦，梦中能实现他美好的心愿，并在睡梦中得到片刻休息和安宁。

英才有个马老师

　　马月春是英才学院副校长，她不但有个好听的名字，人也长得特别漂亮。她的故事很多，你要是想听，现在我就讲给你。

　　马月春成长在一个教育世家，父亲北师大毕业后曾做过几年外交官，后来主动要求回国工作，成为某高校的系主任和教授。马月春一家人都是教师，有一年春节，一个学生到家里拜年，进门说我找马老师，全家人笑着说，我们都是马老师，不知你找哪一个？

　　高中毕业后，马月春考上了广西师大外语系，主修英语教学法，1986 年以优异成绩毕业，于广东省外语师范学院任教，1997 年移民蒙特利尔，先是在麦吉尔大学攻读法语，后来又做过公司白领，当过店老板。三年前一个春天的夜晚，在一次总领馆的招待会上，她认识了英才学院校长赵振家先生，当时英才已经做大，在蒙城颇具影响，赵振家正瞪大眼睛，四处寻找人才。马月春呢，作为一个店老板，不仅收入可观，而且时间自由，常常店门一关，跑到巴西看足球，古巴晒太阳。但是当她遇到英才校长，眼前便浮现出美丽的校园，明亮的课堂，还有那些天真可爱的小太阳小月亮。于是，马月春毅然把店卖掉，重新当上了孩子王。

作为副校长，马月春的肩头挑着两副重担：主管英才学院南岸分校和学院的职业培训中心。赵振家用 8 个字概括马月春：爱生如子，爱校如家，这也代表了英才学生、家长和老师对她的评价。

科班出身的马月春，善于把教育理论与教学实践相结合，从而摸索出校外教育教学工作的规律与特征。她认为应当十分强调教育的阶段性，例如学前班阶段突出兴趣的培养，小学低年级养成良好的学习方法和习惯，中年级重点提高阅读和自学能力，高年级注重阅读写作等综合知识，而中学阶段则应强化社会责任感，树立自信心，等等。

马老师推崇启发式教学方法，认为兴趣是最好的老师，要把学习融入到快乐的游戏与活动中。她设计了新颖别致的数学接力赛，极大地调动了学习数学的积极性，使孩子又能跑又能玩又能学。她还策划了别开生面的化妆舞会，让孩子们装扮成小天使、小公主、小白兔、大侠客和妖魔鬼怪，然后在音乐的伴奏下，孩子们尽情地唱呀，跳呀，喊呀，笑呀，简直是乐翻了天！老师们仿佛也回到了童年，与孩子们一起疯唱疯跳，马老师呢，一双白皮鞋，一件剪裁得体的紫红色旗袍，翩翩起舞，潇洒自如，吸引了多少孩子们赞叹的目光！评奖分初试，复试和决赛三个阶段，全校师生共同参评，获奖选手捧着鲜红的证书，仿佛捧着奥斯卡金像奖！

马老师相信良好的学习习惯比分数更重要，相信教育孩子不能走极端，既不能娇生惯养，盲目溺爱，也不能恨铁不成钢，动辄讽刺挖苦，严重挫伤孩子的自尊与自信。马老师相信以理服人，以情动人，晓之以理，动之以情，相信表扬是成长的左手，批评是成长的右手，两手都要用，但左手比右手更有用。有一个男生，由于学习成绩滑坡而一度自暴自弃，马老师及时与家长沟通，还跟孩子交上了朋友，调动兴趣，鼓励上进，学习大踏步前进。马老师及时表扬了他，还推举他当了班长，最后他拿了三门奖，还考上了蒙城最好的中学。

说起马老师对学生的爱心、细心与耐心，在英才那可是出了名。每当考试时，她都会提前准备好草稿纸，就怕哪个小小马大哈忘带而影响考试。她还自己花钱买了一箱方便面，有哪个小家伙忘了带饭或者把饭掉在了地上，她就会拿出一包，哗，开水一冲，让孩子填饱肚子。每年夏令营开营前，她都要跑遍南岸的公园，挑选活动场地，既要条件最好，功能齐全，有足球场，游泳池，戏水中心，又要风光明媚，花红柳绿。开营了，上午学习，下午娱乐，马老师便带领她的大队人马，浩浩荡荡地向公园进发，只见她走在队前引路，一步三回头，照看着孩子，清点着人数，过马路时，她还要一个个地把孩子们领过去，仿佛一只白天鹅照料着一群稚嫩的小天鹅一般。

到了公园，愉快的活动开始了，烧烤，游戏，游泳，打水仗…马老师多想也跳下泳池，痛痛快快地游上一阵啊，但她不敢，为了保证孩子们的绝对安全，她必须定定地站在池边，这样才能居高临下，眼观六路，耳听八方，在炎炎烈日下一站就是几小时。夏令营结束了，马老师也被晒成了"黑美人儿"。她还经常在夏令营的球类馆，大公园，足球场，一个点一个点的巡视，一天要走上几趟，有时一整天都没有空坐一下。累了一天，她拖着沉重的脚步回家，两条腿好像灌了铅，饭不想吃，水不想喝，话不想说，脑袋还没靠上枕头，人已经睡了过去。

夏令营结束了，孩子们舍不得离开马老师，一个个哭得那叫伤心！家长们便纷纷向孩子们庄严承诺，保证明年一定再来报英才夏令营。分别的时刻到来了，孩子们依次跟马老师抱一抱，靠一靠，亲一亲，依依惜别，难舍难分。有一次，一个女孩从南岸分校来到英才总部参加数学竞赛，女孩一上楼，一眼就看见了马老师，只见她立马飞奔上前，一头扑到马老师怀里，幸福地与马老师相拥着。

一分汗水一分收获，一批又一批的时代英才，走出英才学院南岸分校，走进自己理想的校园，仅第一届南岸夏令营中考部，75 人中除一人有特殊原因外，其他 74 人全部考入心仪的学校。

几年来，南岸学子在海内外的比赛中收获颇丰。仅 2013 年世界华人学生作文大赛，英才全校六人获奖，南岸就占了两人，其中一等奖一人，三等奖一人。在英才夏令营的文艺晚会中，南岸学生自编，自导，自演的几个节目受到学生、家长、教师与晚会嘉宾的一致好评。

马月春把英才当成了自己家。她本来是个油瓶子倒了都不扶一下的人，直到现在都不会使用家里新买的洗衣机。可是在英才，她身为副校长，常常干一些清洁工的活儿，办公室被她收拾得一尘不染，井井有条。她不计报酬，不图回报，一个人干了三个人的活儿。学校缺少什么东西，从一块黑板，一只座椅，到夏令营的玩具、餐具和烧烤工具，只要家里有，她会统统搬来。那年姐姐去世了，姐妹情深，无限悲痛，但她把思念转化成工作的动力，依然坚守在春令营的工作岗位上。

马月春一个肩膀扛着南岸分校，一个肩膀扛着职业培训中心。几年来，英才的小生意班办得红红火火，有声有色，受到上级部门的肯定和学员的欢迎。这个培训班的学员人数每月高达百余人，而且开了一班又一班，办了一期又一期，周而复始，没完没了。从建档到开班，从申报助学金到整理有关材料，从填写表格到帮助学员起草信件，马月春忙得头昏脑胀眼又花。魁省，特别是联邦，申请助学金的材料和过程相当繁杂，并且要求格式规范，内容真实。因此，学员们便会向马老师提出各种疑难问题，而她总是耐心解答，一丝一毫马虎不得，因为一旦材料被有关部门退回，便会影响获得助学金的资格。而一旦某位学员的助学金申请被拒，她便会多方查找法律文件，搞清被拒的原因和补救办法，再与上级有关部门进行沟通和协调，尽量帮助学员拿到全额助学金。有时学员生病在家交材料不方便，马月春便跑到学员家中去取。你就看吧，每天早晨一进办公室，桌子上表格文件一大堆，打开电脑，几十封短信，一大堆问题等着她一一解答。然后是一阵阵咨询电话的铃声不断，接着一群群学员冲进来，将马老师团团围住，问这问那。

她经常下午三点才吃午饭，手机 24 小时开着，有时半夜 12 点还有电话打进来。

俗话说，林子大了什么鸟都有。虽然绝大多数学员通情达理，礼貌有加，但总有个别人士表现得不尽人意。有一对夫妻向学校提出无理要求，得不到满足，夫妻二人便轮流上阵，通话长达两个小时，无理取闹，破口大骂。马月春呢，心平气和，从不发火，她极其耐心地听完，又和风细雨地进行解释。她说，这也算是英才人的性格特色吧。

马老师的故事还有很多，你要是还想听，我下次再给你讲。不过，这些故事你暂时不能告诉别人，因为我想把它们弄成一篇文章，好赚点稿费，给小孙女买一个电动玩具火车。

一个小留学生的成功之路

据媒体报道，一位中国的小留学生，漂洋过海，出国深造。但在求学过程中，却不思进取，追求享乐，声色犬马，灯红酒绿。在挥霍完父母的七百万留学资金后，终于一事无成，打道回国，以金山银海打造了一个超级废物。更有个别小留学生，飙车赌马，打架斗殴，吸毒贩毒，杀人被杀，在异国他乡上演了一幕幕人生悲剧。

然而，确有另外一种小留学生，拼搏进取，勤奋好学，以顽强的毅力和辛勤的汗水铺就成功之路，书写美丽的人生和多彩的青春。现在，我们就向读者介绍这样一位小留学生，请读下面这篇文章。

她

她叫吴婷，江苏南京人，加拿大英才学院副校长。2001年高中毕业，次年作为国际留学生入读康考迪亚大学，2006年毕业获得金融和经济两个学位之后，获得加拿大永久居民身份。她毕业后做过义工，在餐馆打过工，还当过半年咖啡店的小老板，2008年9月加盟英才学院，2012 年三十岁时晋升为副校长。英才学院拥有上千名学生，数十位教职员工，是魁省最大的华人补习学校，她小小年纪便成长为该校副校长，可谓少年得志，年轻有为。

说起吴婷加盟英才，还颇有戏剧性。2003 年春天，英才校长赵振家先生应邀到满城华人服务中心作一次公益讲座，认识了在那里做义工的吴婷。赵振家是南京大学毕业的江苏人，老乡见老乡两眼泪汪汪，这位温文尔雅端庄秀丽的小老乡给他留下了深刻的印象。在为讲座服务时，这位南京小朋友总是眼明手快，细心周到，奉献与爱心尽在其中。谁也没有想到，5 年后的一个夏天，又是在一次公益活动中，两个江苏老乡又遇到了一起，这回赵振家发现，小老乡不仅乐于奉献，还特别喜欢孩子，跟孩子在一起她自己仿佛也变成了孩子，活脱脱一个当老师的好料子，于是向她发出加盟英才的邀约。吴婷呢，也被赵校长"传承中华文化，服务华人社区，让华裔子弟在北美大地立足生根"的教育理念和不俗的业绩所折服，便辞去原有工作，投身英才教育团队，成为一名英才人。

在赵振家和英才同事们的心目中，可以用三个关键词来概括吴婷：爱心、热心、耐心。正是出于对孩子深沉的爱，才使她迸发出多干工作干好工作的动力和激情。作为副校长，你看她肩上的单子有多重：行政管理和日常事务工作，春、夏、冬令营的计划与落实，国际教育项目包括留学与游学的策划与实施，分管圣劳伦校区的教育教学，负责夏令营中考部，包括统筹安排备考、模考、习题及讲解、教学方法与质量核定、考试时间和地点的确定、考后的选校工作。此外，还要与教师沟通，接受家长咨询，与蒙城相关教育局及合作学校沟通……

每年夏令营开营的前夕，是吴婷和同事们最辛苦的一天。这天一早，她和同伴们就要赶到学校，召开全体任课教师和义工会议，最后一次落实完善活动的总体模式与构想，检查几十位任课教师和几百名营员的教材是否到位，众多办公用品包括巨型打印机和几十部空调是否齐备，图书馆、游泳馆、体育馆等文体设施是否联系妥当，饮食、保健、保安、医疗是否安排周密……最后，她们还要把全部路标、教室编号、教师和营员名单张贴完毕，然后熄灭全校最后一间办公室的灯光，哼着《小夜曲》，披着夏日午夜银色的月光，徒步回到家中。

说到吴婷的热心，那更是有目共睹。初到英才时，学校分给她一间舒适的办公室，但她却挤进校长室，把椅子安放在校长的办公桌旁。她想零距离学习赵校长的工作方法和思想方法，教育理念和人生感悟，目睹他如何为家长排忧解难，怎样树立孩子们的自信心，她想寻觅英才人开启成功之门的金钥匙，探索究竟是什么使英才得以走出那么多的时代英才。不久她就发现了一个秘密：英才校长能叫出每一个学生的名字，不管是在读的还是已经毕业的！她终于悟出了一个道理，重要的不是什么方法，而是以真心和爱心，做到干一行爱一行，爱一行干一行。终于，英才的这一传统被传承下来，现在的吴婷不仅能叫出每一个孩子的名字，还把孩子们的性格特点，学习成绩，适合报考哪所学校，统统装进心中。

现在，她已成为小朋友们的大朋友，家长们的知心人。他们向她咨询孩子的学习成绩，求教哪所学校更适合自己的孩子，有的新移民还向她请教买房秘笈，打听幼儿园怎样报名，怎样为孩子起英文名字，甚至怎样购买地铁票，等等等等。吴婷常说，新移民背井离乡，漂流海外，都不容易，大家能帮就帮一把，能拉就拉一下。

五个春夏秋冬过去了，吴婷已成长为一名优秀的教育工作者，她根据教学实践和心得体会，编写了一本工作手册，对补习学校的教学内容与工作流程，进行了详尽而系统的论述，这本手册是英才教育教学工作的总结和升华，对教师特别是青年教师具有指导和借鉴的意义。

吴婷，长大了。

你

小吴老师，你好！

告诉你一个好消息，程功同学以优异成绩考入他心仪的名校。程功，终于成功了！有首歌怎么唱的来着，"军功章啊，有你的一半也有我的一半"，但程功的这枚军功章，有一大半是属于你的。谢谢你，小吴老师！

那是 2012 年夏天，程功从中国来到蒙城求学。作为程功的妈妈，我为他设定的目标是考入魁省最拔尖的名校，而在这之前，一定要进入一间最好的华人补习学校。我几经周折，最后在朋友的指点下，孩子进入了英才学院。感谢英才校长赵振家先生，也感谢小吴老师你，为程功规划了一条成功之路。这条"英才之路"设定了三个时段，每个时段都有各自的既定目标，稳扎稳打，步步为营，循序渐进。学校把程功安排进欢迎班，从零开始学习法语，你还为程功精心制定了特殊的课表，为孩子付出了心血和汗水，谢谢你，小吴老师！

俗话说，万事开头难。起初程功的成绩不是很理想，你就把孩子请到办公室，给他讲法语的学习方法，叫他多背书，多开口，多做题，多浏览题库，多掌握信息，多多参加模拟考试。你还争分夺秒，见缝插针，利用回家路上地铁车厢里的那点时间，用法语跟孩子交流，谈学习和理想，音乐和足球，美食和旅游…三谈两谈，孩子的词汇量增加了，视野开阔了，知识面拓宽了。三谈两谈，孩子跟你成了忘年之交，我永远忘不了那个多雪的冬天，经常看到你跟孩子们打雪仗，扔雪球，真是玩疯了，笑傻了，直打得天昏地暗，简直是乐翻天！

功夫不负有心人，程功仅用七个月的时间就走出欢迎班，以第一名的成绩考入心目中的名校。程功，成功了！然而，在成功的背后，英才人付出了怎样的汗水和心血啊！小吴老师，你两次放弃了读研的机会，因为你放不下热爱的工作，放不下心爱的学生。那一年，你喜得贵子，你是在最后一刻才离开夏令营的营房走进产房的。天下哪个母亲不爱自己的孩子，但英才人有这样一个信念：一个孩子在英才只是全校的千分之一，而对于每个家庭则意味着百分之百，所以英才必须以百分之百的努力爱护每一个孩子，从而不辜负学生和家长的期望。这真是掷地有声的金子般的语言，谢谢你，小吴老师，谢谢你，可尊可敬的英才人！

我

我从小有个梦想，有一天能站在讲台上，告诉孩子们世界有多大，为什么说地球是圆的，领他们读李白、杜甫、白居易，教他们唱陕北和云南民歌。今天，这个梦想终于实现了。

当个老师很享受，每当走在路上或在地铁里，家长和学生跟我亲切地打招呼时，我会感到特别开心，特别有成就感。我喜欢十月，因为那是收获的日子，一个个报喜电话打过来，让我觉得心里甜甜的，美美地，仿佛不是学生们，而是我自己金榜题名喜获成功一样。从他们的电话里，我听得出那种感谢之情是发自内心的。是啊，还有什么能比被大家认可更让人欣慰呢？

我的成长离不开英才这个团队，离不开朝夕相处的工作伙伴，特别是离不开我的引路人——英才校长赵振家老师，是他手把着手，引领我走上人生的坦途。

本文作者问我，能否对小留学生们说点什么。巧了，我还真是有话要说。我想告诉他们，漂洋过海背井离乡，最最要紧的是认准一条无悔的人生之路。这条路要从脚下的每一步开始，才能走得更坚实更稳健。还要记住一点，自己的路自己走，任何人，包括你的老爸老妈都无法替代。

愿我们大家，都能走出一条成功的人生之路。

青年歌唱家董力溶

　　一位来自美丽东方的青年女高音歌唱家，以其高雅华贵的脱俗气质和端庄秀丽的舞台形象，将于 2017 年 5 月 21 日 19 点 30 分，登临加拿大最顶级的音乐殿堂——蒙特利尔艺术中心交响音乐厅 Maison Symphonique，向蒙城华人华侨及各族裔朋友，唱响来自锦绣中华的音乐经典，唱响她澎湃的诗情和心中的歌。激情飞扬，魅力溶情，这就是"魅力溶情——2017 董力溶交响演唱会"。她，愿为弘扬中华文化放声高歌，希望自己的歌声能成为中加友谊长河中的一滴水珠，一朵浪花。她，就是来自中国湖南的青年女高音歌唱家——董力溶。

深厚的演唱功底

　　董力溶是中国首都师范大学音乐学院的声乐硕士，先后师从湖南省衡阳市群众艺术馆曾延平老师，中国著名声乐教育家、中国音乐学院邹文琴教授和国家一级演员、中国第四届青歌赛银奖得主、首都师范大学音乐学院张秀艳教授。先后历经长达十一年严格而系统的专业训练，为其日后的演唱生涯奠定了坚实的基础。董力溶曾出演多场首都大型音乐会，并荣获中国推新人大赛第一名，她还参与录制了邹文琴教授大师班声乐教学光碟和"我为春晚献歌"原唱歌曲大碟，深受观众喜爱。

看看外面的世界多精彩，听听异国的歌声多动听。董力溶飘洋过海，来到枫叶之国的艺术之都蒙特利尔，开始人生的新旅程，走进声乐教学的课堂和艺术演出的舞台。听过董力溶声乐课的人都知道，她的教学生动活泼、深入浅出、声情并茂、引人入胜，尤其擅长将深奥的理论知识与演唱实践相结合，收到举一反三的教学效果，往往是一个示范，一个举例，甚至是一个调侃，都能使学生茅塞顿开。董力溶之所以受到学生和家长的肯定和喜爱是不无道理的。现在，她的弟子遍布全市各文艺团体和声乐班，并且艺术的花树已开花结果，在本次音乐会上，您将会一睹董力溶学生们的风采，倾听他们与自己敬爱的老师同台纵情高歌。

听董力溶演唱是一种精神的陶冶和艺术的享受，那对作品深邃的理解和深刻的阐释，那扎实过硬的声乐功底，那大家风范的舞台形象，那声情并茂的表达方式，甚至一举手一投足，一个乐句的处理，一个细节的演绎，都令人动容，得到观众、专家和专业人士的一致肯定和

赞扬。在 5 月 21 日的演唱会上，这一切都将得到有力
的见证。

丰富的节目内容

"魅力溶情——2017 董力溶交响演唱会"的曲目
不仅"丰富"而且"多彩"，具有不同风格，不同样式，
不同题材，不同的流派，"民族"与"通俗"握手，美
声与流行拥抱，既有原汁原味的中国各地民歌，又有京
腔京调京韵京味的"京歌"；既有戏曲风格的歌曲和中
国经典影视金曲，又有英、法、意大利文的西洋歌剧咏
叹调，不但"洋为中用"，而且"中为洋用"，百花齐
放，蓓蕾满枝。

而如此洋洋洒洒，林林总总，不同类别不同风格
的繁多的曲目，必然要求既有总体的把握，又有个体的
交叉，方可达到中加交流、中外交流的预想目标。音乐
会呈现的中国民歌，每首都具有代表性，真正体现了中
国音乐的丰富多彩，百花齐放，并带有强烈的地方文化
色彩，加之那些星光灿烂的世界经典曲目，那些著名歌
剧和音乐剧，都要求根据具体作品而把握不同的演唱风
格，不同的发音方法，不同的表达技巧，方可从容不迫

地驾驭，得心应手地诠释。为了唱好西洋古典歌剧，准确地处理台词和唱法，董力溶用了半年时间，跟随一位外国声乐教授学习语言，至于在分析研究曲目方面下的功夫，那就可想而知了。因为董力溶深知，只有理解方能产生情感，只有在情感的波涛中方可声情并茂，激情飞扬，先感动自己，再去感动观众。一分耕耘，一分收获，功夫不负有心人，本场音乐会必将是一场精美的文化盛宴。

著名的剧场和乐团

"魅力溶情——2017 董力溶交响音乐会"是当地华裔音乐家第一次个人交响独唱音乐会，为了在方方面面每个环节都精益求精，力求完美，音乐会选用的剧场是加拿大最负盛名的蒙特利尔艺术中心交响音乐厅，它的设施世界一流，在加国排名第一，被誉为加拿大的金色大厅。著名钢琴家郎朗，著名大提琴家马友友，著名小提琴家吕思清，中国国家大剧院交响乐团，深圳交响乐团都曾在此留下他们美妙的音乐，这里还是蒙特利尔交响乐团的常驻音乐厅，上演过多场音乐作品。它有2100 个座位，厅内呈现的是一个温馨的氛围，给人们提供高级别的音效体验，能同时满足音乐家和听众的需要。

为董力溶担任伴奏的是蒙特利尔著名的乐团，该团已有 100 多年的历史，成员多为年轻的音乐家，该团擅长演奏古典音乐，但他们的理念是在古典音乐演奏基础上不断创新，赋予古典音乐新的生命，融入朝气蓬勃的新时代，让古典音乐流行起来，改变观众对古典音乐固有的观念和印象，使古典音乐无障碍地走向时尚，走进现代人的生活。这也是董力溶选择和欣赏该乐团的原因。

董力溶与西人的交响乐团合作，与当地的演唱嘉宾同唱一首歌，必然会加深中西文化的互动、碰撞和交流，不仅要向西人朋友展示中华民族民间音乐的瑰宝，也要听一番、唱一番西洋音乐的精华。歌唱艺术作为二度创作，不仅仅是唱着五线谱上的"豆芽菜"，机械地发声，而是必不可少地会碰撞出艺术的火苗和思想的火花。那么，那些老外艺术家们，他们是如何理解大洋彼岸的古老国度的民族民间音乐呢？在彼此合作与交流的进程中，会发生哪些意想不到的逸闻趣事甚至笑料呢？2017 年 5 月 21 日 19 点 30 分，请您去音乐厅一睹为快便知了！

良苦的用心

本场音乐会的另一独特之处，是特意安排了由董力溶的学生组成的伴唱团队，年龄最小的八岁，最大的七十多岁，为自己的恩师和声演绎，同台演唱，可谓良苦用心，意义深远。这些华人华侨和华裔子弟，有的很小就随父母移民加拿大，有的就在加国出生，他们对故乡的音乐知之甚少，甚至一无所知。这些热爱音乐的人们，以及他们的朋友的朋友们，一旦走进董力溶独唱音乐会的现场，必定会被底蕴深厚的中国民族民间音乐所感动、感叹、感慨，必然要为文明古国的文化珍品而震撼，必然会增强他们的民族自信心和认同感，从而为自己是黄皮肤黑眼睛的龙的传人而骄傲、而自豪！

这支学生合唱团由 50 人组成，他们在长达半年的时间内，完全利用业余时间，以志愿者的身份参加排练，他们排除万难，风雨无阻，其精神可嘉令人动容。他们当中有父女、母女、夫妻、姐妹，有的一家四口都是董力溶的学生，有的一家三代都参加了合唱团。有的带着作业本参加排练，为的是见缝插针赶写作业；有的在情人节那天拿着玫瑰花前来参加排练，甚至为了不耽误排练，把情人节的晚餐改成了中午；有的安排旅游行程时还特意避开排练时间；有个移民二代，中文基础很差，但现在已经可以演唱不同声部的中文歌曲，原来唱歌与中文学习还有如此微妙的关系！多美好的学生啊！家长朋友们，不妨带您的孩子，来聆听这场师生同台歌唱的音乐会吧！

诚挚的感恩

"魅力溶情——2017 董力溶交响音乐会"的意义已经远远超过了音乐本身，在董力溶的身后，站着蒙城、魁省，乃至加拿大的华人华侨、父老兄弟姐妹，这是一次真正的团队行为，是华人社区凝聚力的完美体现。此次音乐会得到了社会各界的鼎力支持，方使音乐会的准备工作进展顺利，能和当地知名度高、演奏水平高、拥有百年历史的专业乐团和著名指挥合作，能在顶级的音乐厅唱响咱们的民族音乐，其可谓众人拾柴火焰高也！

董力溶动情地告诉笔者，她怀着感恩之心，衷心感谢中国驻蒙特利尔总领馆的大力支持。感谢各侨社、各同乡会、各媒体单位、各学校、各企业！感谢筹委会每位成员的努力和奉献！感谢各位学生及学生家长，和义工们的辛勤工作！

我们热诚期待"魅力溶情——2017 董力溶交响音乐会"如期举行，并祝愿它圆满成功！